エコノミストが実践する

どんな相手も納得させる
レポート作成術

第一生命経済研究所 主席エコノミスト
永濱利廣

青春出版社

はじめに——なぜ、あなたのレポートは読んでもらえないのか？

エコノミストという仕事がら、とにかく書く機会が多いのが各種の「レポート」。私の専門はマクロ経済学で、さまざまな統計を用いて経済を分析し、国内外の中期・長期経済予測を行うことが日々の主な業務です。私が所属している第一生命経済研究所は生保系のシンクタンクですから、個人の生活に密着したデータの蓄積、研究、分析も行いますが、同時に国内外の経済の動きを予測することも重要な仕事のひとつです。

さまざまな方法で収集した**データは、そのままでは何の役にも立ちません。**きちんと分析をして、それをレポートにまとめてアウトプットする必要があります。アウトプットといっても、その方法はさまざま。専門家向けの論文を学会誌に掲載するケースもあれば、一般向けの経済誌への寄稿を求められることもあります。また、特定の業界の人に向けた業界誌の寄稿依頼もあり、公表するもの以外では社内向けの報告書を求められることもしばしばあります。

メールで金融・経済関係者やマスコミ関係者に配信し、研究所のウェブサイトでも随時公開されるレポートも大切なアウトプットのひとつ。これは誰でも無料で読んでいただけるもので、さまざまな職種の方が、それぞれの立場で自身の仕事や研究、学習に役立てていただく目的で書いています。

第一生命経済研究所は1997年4月に第一生命グループの情報発信・政策提言・コンサルティング機

能の充実を図ることを目的に設立されました（2002年10月にライフデザイン研究所、2009年4月に第一生命ウェルライフサポートと合併）。

私の所属する経済調査部には、現在11人のエコノミストが在籍し、日本経済、アメリカ経済、欧州経済、アジア・新興国経済、さらに金融市場に関連する分野などを含め、毎月100本近いレポートを発信しています。

私の専門は日本経済を中心とした長期予測、経済統計、マクロ経済の実証分析ですが、研究所から発信している「Economic Trends」というマクロ経済分析レポートをはじめ、経済誌などからの依頼による寄稿を含めると年間150本以上を執筆しています。

要するに、講演会やセミナーで講師としてお話しさせていただくときや、雑誌、新聞の取材に応じたり、テレビでコメンテーターをつとめたりするとき以外、**エコノミストの仕事というのはほとんどが、「調べる・分析する・レポートを書く」ことに尽きます。**朝から晩までレポートのテーマを探し、材料を探し、その材料から何が導かれるかを考えては、手と口を動かし続けていることになります。

とはいえ、別に朝から晩までパソコンに向かっているわけではありません。最も頻繁に書いているA4、5枚ほどのレポートのために使う時間は1本あたり実質数時間程度。他の時間は直接的なデータ収集よりも、もっと広い視点で国内外の本や資料にあたったり、仕事で出会った人たちの生の声や、出張で訪れた場所での見聞を蓄積したりするようにしています。

経済レポートを書くのは重要な仕事のひとつですが、**「レポートのためのレポート」を書いても意味がありません。**経済は生きて動いているものですから、レポートも生きたものでなければならないのです。数字や数式の中だけに埋もれていても生きたレポートは書けません。私自身が国内外での経済・景気・生活の変化を肌で感じながら研究を続ける必要があります。

そのためにも、必要以上に「レポート書き」に時間をとられすぎては本末転倒です。私はレポートを書くスピードが早くなったと思いますが、それでも若いころは同じ分量のものを書くのに1週間以上かかったこともあります。最初から早かったわけではありません。

レポートを書くためにどんな数字が必要なのかわからず、やっと「この数字がほしい」という方針が立っても、それがどこにあるのか見つからず、さらに見つけてもデータが膨大すぎて必要な部分だけを選ぶことができない……。こうしたことばかりで、最初はうまくまとめることができませんでした。膨大な時間をかけて、膨大な枚数のレポートを書きあげたこともあります。文章は長くなりがちで、グラフや表は大量、さらに末尾には参考資料が何十枚も添付されている。大変な「力作」ではありましたが、今考えれば「誰が読むのか」というものでした。

それでも上司に叱られながら、また日々先輩たちの上質なレポートを読みながら、経験を積むことで読ませるレポートを素早く作成する方法を見つけてきたのです。

レポートには抑えるべき大原則がある

「レポート」というと、大学生の研究レポートや学者や研究者の専門的な調査レポート・論文のようなものを思い浮かべる人も多いでしょう。エコノミストという仕事も研究職ですから、私が日々書いている「マクロ経済分析レポート」も、学者の論文のようなものに思われるかもしれません。でも実際は私が書くレポートのほとんどは、ごく一般的なビジネスマン向けのものです。

また、私の専門の「マクロ経済学」はいかにも難解なものだという先入観があるためか、ほとんどの人が「さっぱりわからない」「やたらに難しそう」という反応をされます。

だからこそ一般向けのレポートを書くには、

「専門的な内容をどうやってわかりやすく伝えればいいか」
「どうすれば興味を持って読み始めてくれるだろうか」

という視点が私にとっては非常に大切でした。

私は子供のころからデータを扱うのは好きでしたが、文章を書くのは苦手でした。長い作文や読書感想文の宿題にはずいぶん苦労したタイプです。

文章を書かなくてすみそうだからと理系に進んだはずが、月に何本もレポートを書くようになったのだから不思議なものです。書くことが苦手だったからこそ、効率のよいまとめ方を工夫したり、よくできたレポートを手本にしていいところを取り入れたりしたのが役に立ったのかもしれません。

当初は苦手意識が強かったレポートですが、書き続けているうちに「永濱さんのレポートはわかりやすい」「コンパクトで読みやすいし面白い」「すぐに役に立つ」「素人でもわかる」という反応をいただけるようになりました。やがて「どうすればわかりやすいレポートを作れますか?」、「自分もこういう読みやすいレポートが書けるようになりたい」という声もいただくようになりました。

以前の私のように、「文章が苦手」「レポートを書くのが不得手」という人が文系、理系に限らずとても多いことも知りました。

どのような業種、仕事であれ、何かしらの「レポート」を書かなくてはならないシーンが出てきます。**エコノミストに限らず、文書の作成を避けて通れる仕事はほとんどないといっていいでしょう。**レポートという名前はついていなくても、「日誌」や「月報」から「出張・視察報告書」だったり、「新商品提案書」「新雑誌創刊企画書」「新商品販促プロジェクト概要」だったり、「経費削減計画書」「人事刷新計画」「フロアの模様替え提案書」だったりするかもしれません。

それぞれの職場で、さまざまな文書が必要になり、目的に応じたまとめ方が必要です。日誌のように、書式・フォーマットが決まっている場合もあるでしょうが、「ざっくりでいいからまとめといてね」というだけの指示で書かなければならないこともあるでしょう。

一見、それぞれまったく書き方が違うかのようですが、**実はどのようなタイプのものであれ、文書・資料のまとめ方というのは基本的には同じです。**仕事で書く文書というのは小説や詩歌とはまったく違い、すべて「目的」が非常にはっきりしているものです。もしもそれがはっきりしていない場合は、文書そのものの存在意義がない、ということでもあります。「何のために書くのか」「誰のために書くか」があいまいな文書や資料ほどダメなものはありません。私のレポートにしても、読んでもらい、何らかの役に立ててもらえなければ書いた意味はないのです。

忙しい立場の人にやっと時間をとってもらって企画を提案するときに、読むだけで1時間かかる100ページの提案書など論外ですし、一般企業のビジネスマン向けに半年後の景気予測を提供しようというとき、修士論文のようなレポートを書いても意味はありません。

レポートや書類作成が苦手だという人に、「どこが苦手なのか」「どこが嫌いなのか」を聞いてみると、だいたい以下のような「悩み事」が並びます。


「何を書けばいいのかわからない」

「書く順番がわからない」

「図やグラフの入れ方、作り方がわからない」

「文章が下手だから書きたくない」

書かなくてはいけないものが、営業日誌であれ、出張報告書であれ、新商品の提案書であれ、下半期の景気予測であれ、苦手な人にとっての悩みというのはほとんど同じなのです。悩みが同じなのですから、解決策も同じということになります。

私自身もこうした「悩み」を克服してきたからこそ、すべての「書類嫌い」「資料嫌い」「レポート嫌い」の人に私の経験は役立つはずです。

実は、レポートの極意を一言でいってしまうと、「読み手の気持ちになって書く」ことです。

日誌であれマクロ経済分析レポートであれ、「いったい誰がこの文書を読むのか」「この文書の目的は何か」を考えることで、文書は生きたものになります。文書のための文書、レポートのためのレポートではなく、「目的」を実現するのに役立つものになります。ある文書はチームのメンバー全員の目標を示すものになり、ある文書は大切な経営判断を行うための材料として生きるでしょう。

基本的には、ワードなどで作成する「レポート」「報告書」「資料」などの文書全般について説明していきます。さらに、私が日常的に書いている経済レポートでも多用する「経済指標」などの中から、どんな業界の人でも応用できる数字の読み方や、知っておくとレポートの説得力がぐっとアップする統計などの使い方、グラフの見せ方などもご紹介します。

一般の人がプロのエコノミストが使うような計量経済学の推計式など覚える必要はまったくありませんが、**ＧＤＰや経済成長率、人口動態などのごく一般的な統計の調べ方、読み方を知っておくだけで、レポートのクオリティ、読ませる力はかなりアップします。**特に企画書や提案書、視察報告書などには絶大な力を発揮するので、ぜひコツを身につけておきましょう。

まずは「苦手意識」を脇において、気楽に読んでみてください。少しでも読者のみなさんそれぞれに役立つ部分を見つけて、ビジネスライフを向上するために活用していただけたら、筆者としてこれ以上うれしいことはありません。

エコノミストが実践する
どんな相手も納得させるレポート作成術——目次

1章

エコノミストが教える経済レポート作成の実況中継

2章 読ませるレポートは〝段取り〟で9割決まる

3章 データの海に溺れないためのリサーチ術

4章

説得力が格段に上がるグラフ・表組みのルール

編集協力　小幡恵
装丁・本文デザイン　ソウルデザイン
本文ＤＴＰ　センターメディア

1　章

エコノミストが教える経済レポート作成の実況中継

テーマと切り口がなければ始まらない

レポートを書く場合、まず決めるのは「テーマ」と「切り口」です。当たり前のように思えるかもしれませんが、一番大切なのはここです。

定期的に出すレポート、たとえば毎月1回翌月のマーケットの動きを予測するとか、毎週1回その週の動きをまとめるなどの**「目的」がはっきりしたレポートでも、ポイントははっきり決めておく必要があります。**定期レポートの場合、前提としてのテーマは「来月のマーケット予測」「今週のまとめ」といったものですが、これはいわば、雑誌連載のタイトルのようなもの。毎回「テーマ」が必須になるのはいうまでもありません。

次ページに、私が2015年に作成した「Economic Trends」というレポートのタイトルを挙げました。やや難しそうに見えるタイトルも少しまじっていますが、TPPの妥結、携帯料金引き下げに関しての首相の発言、エルニーニョ現象の継続、マイナンバー導入、消費増税など、身近な話題を入り口にしたものがほとんどです。

たとえば9月14日に、私は「携帯料金引き下げのマクロ的影響 ~若年層や子育て世帯の軽減効果大も、低所得高齢世帯への恩恵少ない~」というレポートを発表しましたが、これはA4に5枚、グラフが8種類、表がふたつ。あとはテキストという内容です。一般的なレポートの構成などについてはあとで詳しく

「Economic Trends」タイトル一覧（2015年）

今年の成長戦略展望
～移民、正社員解雇ルール、農地法改正と社会保障改革に注目～（2015/1/5）

四半世紀振りの環境整う日本経済
～原油安ボーナス期に鍵を握る成長戦略・社会保障改革への踏み込み～（2015/2/13）

エネルギー政策が経済に及ぼす影響
～ＬＮＧジャパンプレミアム解消と石炭火力代替でＧＤＰ３兆以上押し上げ～（2015/04/02）

日本企業の六重苦とアベノミクス
～ドイツ経済のグローバル化への取り組みと日本への示唆～（2015/04/07）

シュレーダー改革と日本の成長戦略
～日米独の産業構造変化と製造業の違い～（2015/04/09）

日本経済、地盤沈下の真実
～もともと超一流ではなかった日本経済～（2015/06/05）

円安の誤解とその対応策
～経済全体にはプラスも、必要性増す再分配政策～（2015/06/16）

今年も政策対応を左右するエルニーニョ
～93年並の日照不足で、7～9月期の経済成長率を▲0.7%押し下げる可能性～（2015/07/08）

財政危機の末路
～負のスパイラルで経済混乱、円安・インフレへの備え必要～（2015/07/21）

短・中期的視点から見た円相場の展望
～当面円安バイアスも、日本経済正常化で中期的に1ドル＝100円台も～（2015/07/29）

先送りされただけの気象リスク
～猛暑後のマイナス成長ジンクスに加え、暖冬・花粉飛散リスクも～（2015/08/04）

マイナンバー還付のマクロ的影響
～経済成長率を＋0.03%ポイント程度押し上げにとどまる～（2015/09/09）

携帯料金引き下げのマクロ的影響
～若年層や子育て世帯の軽減効果大も、低所得高齢世帯への恩恵少ない～（2015/09/14）

長期金利の要因分解①
～量的・質的金融緩和の長期金利押し下げ効果は▲1.2%ポイント程度～（2015/09/29）

世界の長期経済見通し
～世界経済は20年代まで３%弱の成長維持。有望なインド・ＡＳＥＡＮ市場～（2015/10/06）

成長戦略に不可欠なＴＰＰ
～締結後の青写真が示す日本の進むべき道～（2015/10/21）

長期金利の中長期見通し
～フィッシャー方程式と成長会計に基づくシナリオ分析～（2015/10/27）

ご説明しますが、このレポートのシリーズについては、だいたいこの程度の分量におさめるようにしています。

手始めに、このレポートを例に私自身がどんな手順でこの文書を作成したか、できるだけ詳しく説明していきます。次ページから、その全文を5ページにわたって掲載しています。

日常のニュースからテーマを拾い上げる

「Economic Trends」は第一生命経済研究所のウェブサイトで公開している多くのレポートと同様、経済の専門家ではなく一般向けのものです。したがってテーマも極端に専門的なものではなく、一般紙やテレビのニュースでも報じられた出来事を入り口にしたテーマが多くなっています。

私がこのレポートを書くきっかけになったのは、2015年9月11日、安倍首相が総務省に対して携帯料金の引き下げを検討するよう指示したというニュースです。携帯電話の料金はどの世代にとっても今や大きな関心事であり、「本当に料金が下がるのか」、「自分の家庭の携帯料金は下がるのか」、「下がると景気に影響はあるのか」など、一般の人でも関心を持ちやすい。

エコノミストは、日常的にさまざまなデータをウオッチし続けています。常にレポートのテーマを考え

Economic Trends

マクロ経済分析レポート

テーマ：携帯料金引き下げのマクロ的影響

2015年９月14日(月)

～若年層や子育て世帯の軽減効果大も、低所得高齢世帯への恩恵少ない～

第一生命経済研究所　経済調査部

主席エコノミスト　永濱　利廣（03-5221-4531）

（要旨）

- 総務省の統計によれば、携帯通信料が家計支出に占める割合が拡大している一方、携帯通信料の価格は 2010 年代以降下げ止まっている。
- 消費支出に占める移動通信通話使用料の割合は世帯主の年齢階層が若いほど高く、18 歳未満人員比率の比較的高い年収 450～1000 万円で移動通信通話料金割合が平均を上回る。移動通信通話料金が引き下げられれば、若年層や子育て世帯への恩恵がより大きくなるが、移動通信端末の利用率が低い高齢者層への恩恵が少ない。
- 仮に移動通信通話料金が１割安くなると国民一人当たり 4500 円強の負担軽減につながるため、家計全体では 5,800 億円程度の負担軽減になることを示唆している。携帯料金が仮に１割引き下げられた場合の効果を試算すると、個人消費の＋0.06%押し上げを通じて経済成長率を＋0.04%ポイント押し上げることになる。
- 世帯主の年齢階層別の負担軽減額は、世帯主の年齢が 50 代以下の世帯では 1.4 万円／年を上回るも、世帯主が 60 代以降になるとその額が１万円を大きく下回る。同様に、世帯主の年収階層別では、年収が 700 万円以上の世帯では 1.4 万円／年前後となるも、年収 200 万円未満ではその額が 4,000 円を下回ることになる。
- 最も公平で現実的な家計負担軽減策は、名目ＧＤＰ拡大に伴う増収分を一部還付する定額給付である。国民一人当たり１万円を給付すれば、財源は 1.3 兆円程度にとどまる一方で、個人消費の＋0.14%押し上げを通じて経済成長率を約＋0.09%ポイント押し上げる効果が期待される。地域活性化や需要創出効果を高めるには、現金のみではなくて地域や期間限定の商品券を配ること等も検討に値する。

●はじめに

９月 11 日に開かれた経済財政諮問会議で、携帯電話料金の家計負担軽減が大きな課題として、安倍首相が総務省に対して料金引き下げの検討を指示したとのことが甘利大臣から明らかにされた。実際、総務省の統計によれば、携帯通信料が家計支出に占める割合が拡大している一方、携帯通信料の価格は 2010 年代以降下げ止まっていることがわかる。

そこで本稿では、携帯通信料の引き下げがマクロ経済的にどのような影響を及ぼすかについて分析する。

●若年層や子育て世帯には恩恵大

まず、移動通信端末は生活必需性が高まっているため、これが引き下げられれば低所得世帯により恩恵が及ぶ可能性がある。また一方で、移動通信端末は若年層の使用頻度が高いことが予想されるため、相対的に若年層の負担軽減効果が高い可能性がある。

グラフ1

グラフ2

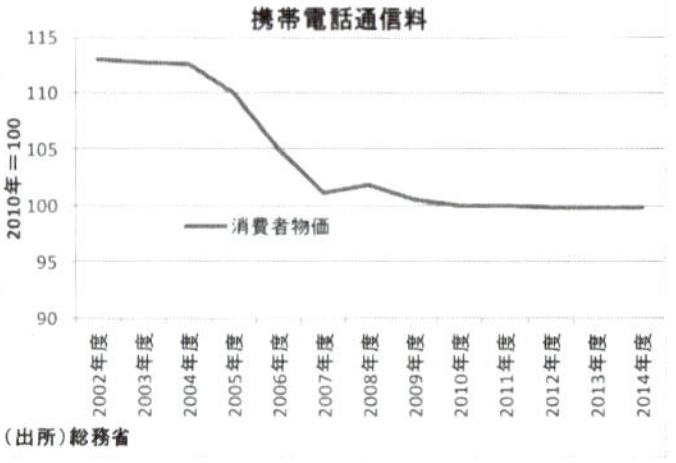

実際、総務省の家計調査を用いて、二人以上の世帯主の年齢階層別と年収階層別に分け、2014 年の消費支出に占める移動通信通話使用料の割合を算出した。結果は当然のことながら、世帯主の年齢階層が若いほど移動電話通信料の割合が高く、料金引き下げの恩恵を受けやすいということになる。また、年収階層別でみると、18 歳未満人員比率の比較的高い年収 450～1000 万円で移動通信通話料金割合が平均を上回る。なお、地域別に比較すると、特に地域の違いによって大きな差は見受けられなかった。

従って、移動通信通話料金が引き下げられれば、全国まんべんなく若年層や子育て世帯への恩恵がより大きくなる可能性が高い。

グラフ3

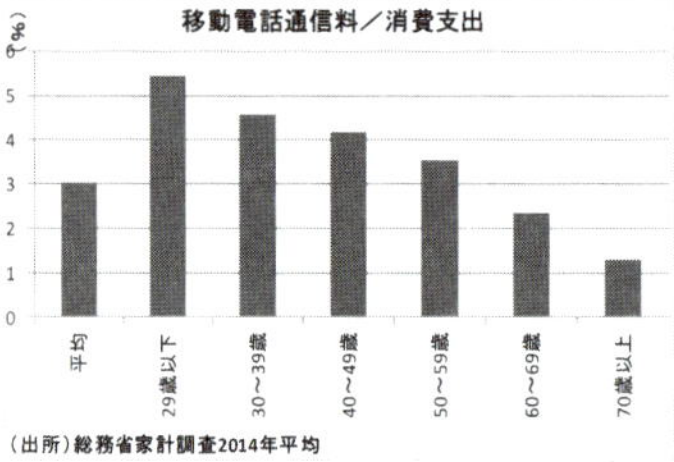

グラフ4

グラフ5

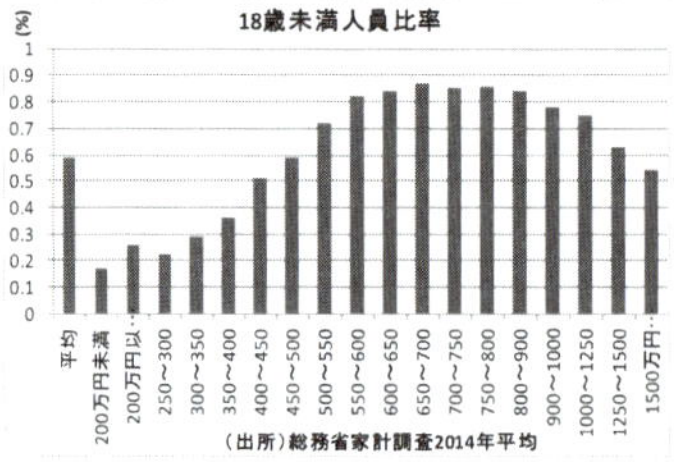

グラフ6

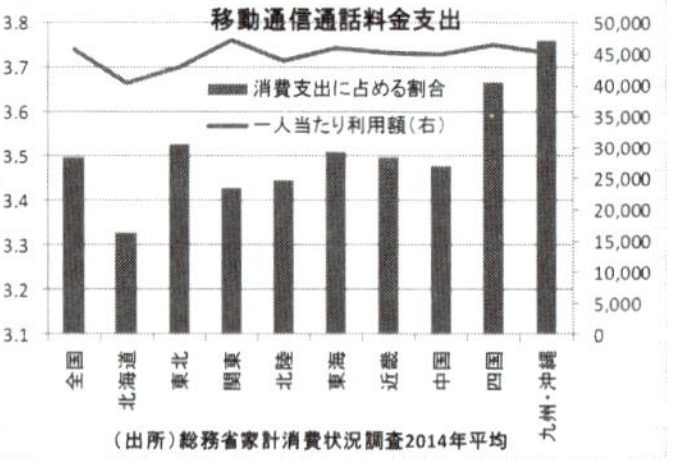

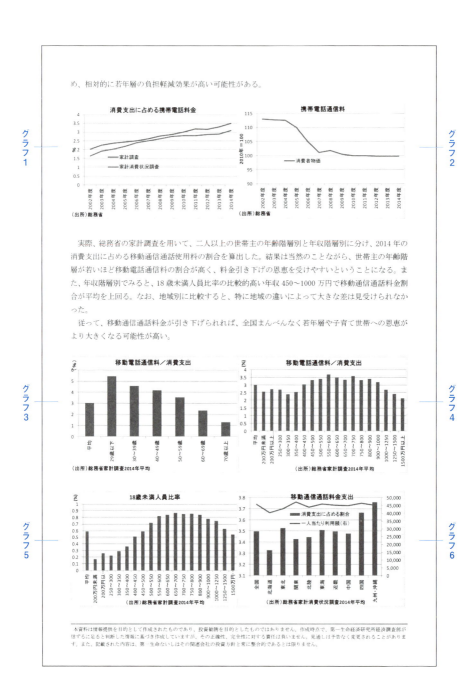

しかし、移動通信通話引き下げだと、移動通信端末の利用率が低い高齢者層への恩恵が少ないという特徴もある。実際に、世帯主の年齢階層別の移動通信通話料金比率をみると、70 代の利用率は 20 台の四分の一以下となり、おそらく年収階層別の年収 300 万円未満の利用率が低くなっているのも、労働市場から退出して年金収入を頼りに生活している高齢層世帯が含まれていることが影響しているものと推察される。

●料金 1 割引き下げで個人消費＋0.06%押し上げだが…

2014 年の家計消費状況調査を用いた試算では、移動通信端末を使用していない人も含めると、一人当たり年平均 45,676 円を移動通信通話料に費やしていることになる。これは、仮に移動通信通話料金が 1 割安くなると国民一人当たり 4,500 円強の負担軽減につながるため、家計全体では 5,800 億円程度の負担軽減になることを示唆している。

そこで、内閣府の最新マクロモデルの乗数を用いて、携帯料金が仮に 1 割引き下げられた場合の効果を試算すると、個人消費の＋0.06%押し上げを通じて経済成長率を＋0.04%ポイント押し上げることになる。

また、2014 年平均の総務省家計調査を用いて世帯主の年齢階層別の負担軽減額を算出すると、世帯主の年齢が 50 代以下の世帯では 1.4 万円／年を上回るも、世帯主が 60 代以降になるとその額が 1 万円を大きく下回る。同様に、世帯主の年収階層別では、年収が 700 万円以上の世帯では 1.4 万円／年前後となるも、年収 200 万円未満ではその額が 4,000 円を下回ることになる。

表1

携帯料金1割値下げのマクロインパクト

	実質GDP（%）	実質GDP成長率（%ポイント）	消費（%）
1年目	0.03	0.04	0.06
2年目	0.04	0.01	0.09
3年目	0.05	0.01	0.11

（出所）内閣府マクロモデル乗数をもとに筆者試算

グラフ7

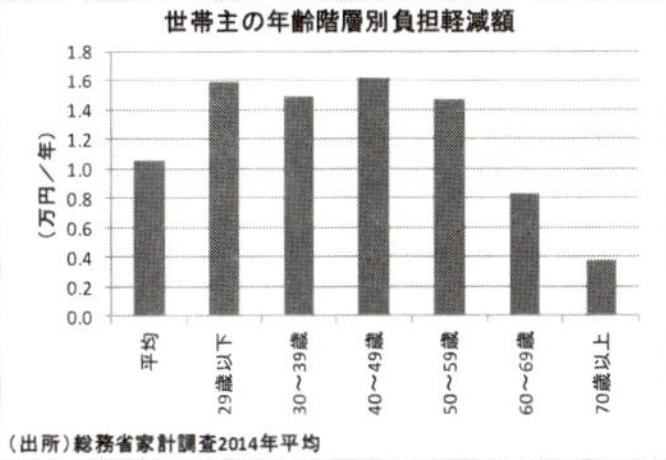

グラフ8

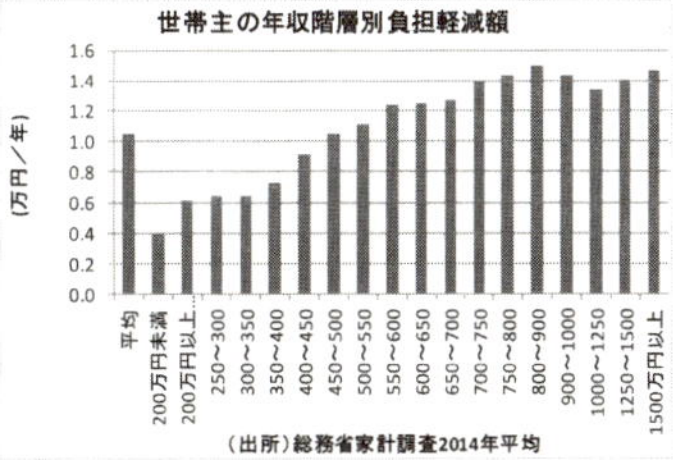

しかし、一律的な値下げとなると、家計部門への直接的な恩恵はあるが、通信会社の売り上げは値下げ分減少することが想定されるので、その分の悪影響も考慮しなければならない。したがって、家計部門のメリットはあるが、移動通信事業者には業績悪化のリスクもあり、トータルでどの程度のメ

リットとなるかの計算は困難である。

このため、携帯料金引き下げ策は、家計支援策として議論を進めるというよりも、移動通信事業者の競争環境の整備を通じて、いかに料金引き下げを図るかという観点で議論を進めるべきものと考えられる。

●効果的な家計負担軽減策とは

筆者は、最も公平で現実的な家計負担軽減策は、名目ＧＤＰ拡大に伴う増収分を一部還付する定額給付であると考えている。理由としては、国民全員に同額を支給するため、特定品目に関連した負担軽減よりも公平感が高くなるためである。また、定額給付金で先例があることからすれば、世帯主の年齢階層に関係なく低所得者の資金繰りにも余裕をもたらす可能性が高い。また、導入コスト面からみても、定額給付は自治体の事務負担も煩雑にならず、国民的には本人確認と振込先銀行口座の登録で済む。

足元の経済環境をまとめると、アベノミクスにより経済のパイが拡大する一方で、消費税率引き上げや円安の副作用により低所得者を中心に生活負担が高まっていることからすれば、上振れした税収の一部を使った家計への再分配政策は不可欠であると思われる。しかし、何かしらの再分配政策が必要となれば、逆進性緩和の効果や実務的コストが低い定額給付は有力な手段といえる。

なお、内閣府が公表している経済財政の中長期試算において、2014 年度の税収が 2.3 兆円も上振れしているにもかかわらず 2015 年度の税収見通しが当初予算から変更されていないことからすれば、その範囲内で財政負担を考えたほうがいい。ちなみに、現在継続中の低所得者向けの臨時給付金は一人当たり 6000 円を支給して所得が少ない家計の税負担を緩和している。つまり、すでに臨時給付金を受け取っている世帯については、6000 円以上の給付がなければ実質負担が増加してしまうため、あくまで筆者の考えだが、国民一人当たり 1 万円を給付すれば、財源は 1.3 兆円程度にとどまる。従って、今年度の補正予算編成を経て国民一人当たり 1 万円程度の範囲で定額給付をすることが検討に値しよう。

なお、内閣府の最新マクロモデルの乗数を用いて上記の定額給付金の効果を試算すると、個人消費の＋0.14%押し上げを通じて経済成長率を約＋0.09%ポイント押し上げる効果が期待される。

1万円定額給付のマクロインパクト

	実質GDP（%）	実質GDP成長率（%ポイント）	消費（%）
1年目	0.08	0.09	0.14
2年目	0.10	0.02	0.20
3年目	0.12	0.02	0.24

（出所）内閣府マクロモデル乗数をもとに筆者試算

表1

効果的と考えられる定額給付では、定額給付金で先例があることから事務手続きは対応可能であり、給付を先払いすれば低所得者の資金繰りにも余裕ができると考えられる。なお、定額給付となると貯蓄に回ってしまうとの指摘に応えるとすれば、景気対策として地域活性化や需要創出効果というものも必要になってくる可能性がある。そこで、地域活性化や需要創出効果を高めるには、現金のみではなくて地域や期間限定の商品券を配ること等も検討に値しよう。

将来的にも、更なる消費増税を実施してもコストが低く公平性の高い逆進性対策を併用すれば、その後の消費増税も実施しやすくなるが、逆に再分配政策をおろそかにして国民の不満を高めてしまうとその後の消費増税が政治的に困難になる。将来の消費税率引き上げを確実なものにするという意味でも、経済のパイが拡大する中での家計負担軽減策は不可決であると考えられる。

ながらデータを見続けているため、テーマは日常の中である程度決まってくるのです。

仮に「先月発表されたある経済指標にはっきり目立つ上昇があって、市場関係者の間で話題になっている」ということがあれば、「では今回のレポートのテーマは、この指標の今後の推移予想と、それが国内企業に与えるインパクトについて、ということにしよう」と考えていくわけです。

「この指数がこの段階まで上がれば、景気がよくなるはずだ」という経験則がある場合には、その仮説を「一応の結論」としておき、それを裏づけるデータを探していくというのが常道になります。指標の推移グラフはもちろん、過去に同じような指標の変化があった場合、その後どんな影響が出たかというデータ、あるいはその影響をわかりやすく示すデータ、といったものを入手して、自分の仮説を補強、証明しようとするわけです。**特に経済学の場合、数字、統計のデータが非常に重要です。**「携帯料金引き下げ」のレポートも、データが重要であることはいうまでもありません。

レポートの〝切り口〟をどう設定するか

では、私自身がどんな手順で作業をしたのか、順を追って再現していきましょう。

9月11日の夜、私はロイターのニュースで「携帯料金引き下げを首相が指示、家計負担増を懸念」という記事を読みました。それがレポートを書くきっかけです。

安倍晋三首相は11日開かれた経済財政諮問会議で、携帯電話料金の家計負担軽減が大きな課題だとして、高市早苗総務相に対して料金引き下げの検討を指示した。甘利明経済再生相が、会議終了後の会見で明らかにした。

甘利再生相によると、携帯通信料が家庭支出に占める割合が拡大しているうえ、携帯通信事業者が3社体制で固定化し「競争政策が働いていないとの指摘もある」として、首相が総務相に指示したという。

また会議では安倍首相は、「最近の金融市場に変動が見られるが、回り始めた経済の好循環を民需主導で拡大・深化させることが肝要」と指摘。そのため「過去最高水準の企業収益にふさわしいよう、賃金の継続的な引き上げや正社員化の推進とともに民間投資の拡大実現が不可欠」と強調したという。（東京11日　ロイター　11日20時22分配信）

9月11日は金曜日でした。おそらくネットのニュースではロイターが一番早かったのではないでしょうか。その日の23時10分には、日経新聞電子版が速報として以下のような記事を配信しました。

「携帯料金引き下げを　首相、諮問会議で検討指示」

安倍晋三首相は11日の経済財政諮問会議で「携帯料金などの家計負担の軽減は大きな課題だ」と述べ、

スマートフォンの通信料などの負担を減らす方策を検討するよう指示した。高市早苗総務相は「低廉にできる方策を検討する」と応じた。

携帯電話各社が2年単位で契約を結び、途中解約すると違約金をとる「2年縛り」の見直しが念頭にあるとみられる。

会議後、甘利明経済財政相は記者会見で「（携帯電話業界は）3社体制で固定化していて、競争政策が働いていないという指摘もある。総務相はきちんとした回答を持ってくると思う」と述べた。

2人以上の勤労者世帯の通信費は年間18万8000円と、家計の4・9％を占める。スマートフォンの普及もあり、割合は10年間で2割上昇した。（日経新聞　速報　11日23時10分）

その後次々にテレビ、新聞がこのニュースを取り上げました。市場関係者はこの首相発言によって通信3社の業績が下がることを懸念し、実際に週明け14日の株価は大幅安となっています。日経新聞は9月15日の11時8分にも速報で、「携帯料金引き下げ策、年内に結論　総務相」という高市総務大臣が当日の午前中に記者会見を行ったという記事を掲載しました。さらに新聞、週刊誌も切り口を変えながら、安倍発言の意図や実現可能性、業界への影響、家計への影響をその後も継続して記事にしています。視点はさまざまで、歓迎ムードのものもあれば、愚策と切り捨てるものもある。マーケット情報も、いったん下がった通信3社の株価の反発、その後の展望についてさまざまな記事が続きました。やはり身近な話題だけに、多くのメディアがこぞって取り上げている状況です。

さて、私は11日金曜日の夕方にこのニュースを知ったわけですが、当日の業務はすでに終わっていたものの、「週明けにはすぐレポートを書いて発表しよう」と考えました。そのために、土曜、日曜もウェブサイトで情報を調べたり、どんなデータが必要かを考えたり、またレポートの構成について思案していました。月曜日に出社したらすぐに書くつもりだったからです。

首相自身が携帯電話料金の引き下げを総務相に指示した意図について、さまざまな意見が出ることは当然予想できました。また、各社の反応にも注目が集まること、市場関係者の反応が大きくなるだろうということも見当がつきます。

こうした状況の中で**「自分が書くべきレポート、自分に求められるレポートはどんなものだろう」と考えました。**私は政治評論家でもＩＴジャーナリストでも投資アドバイザーでもなく、主にマクロ経済学を専門とするエコノミストですから、ここはやはり「携帯料金引き下げ」という施策が実際に行われた場合、国内経済にどのような影響が出そうか、ということについて書かなければなりません。料金引き下げで個々の家庭にどんな恩恵があるか知りたい人も多いでしょう。

そこで、こうしたことについてなるべく具体的な数値、金額などの予測を行うことを、今回のレポートのテーマ、目的とすることにしました。

POINT

自分にどんな内容のレポートが求められているかを考える

まずは全体の根拠となるデータを探す

最初にしたのはデータの確認です。安倍首相が携帯料金を引き下げるようと言い出した根拠は、「携帯通信料が家庭支出に占める割合が増加している」ということです。これは首相が経済財政諮問会議で述べたことですが、まず「本当にそうなのか」「増加とはどの程度のものなのか」ということから取りかかります。新聞・雑誌やテレビから、この件についての意見を求められることも予想できましたから、そのための準備としても直接データにあたることが必須です。

家計に関するデータといえば、まず総務省の家計調査が思い当たります。これは経済の専門家であれば誰でも知っていますが、一般の方もぜひ覚えておいてほしいデータの出所です。家計調査は総務省統計局のウェブサイトにすべて掲載されていて、誰でも閲覧できます。シンクタンクが発表するレポートはもちろん、官公庁が発表する白書、雑誌、新聞などあらゆるところで引用されています。

これは世帯の収入、支出、貯金や借入金の調査で、世帯の構成人員、職業についてもわかるものです。調査対象は全国の消費世帯（単身の学生などは除く）で、168市町村から約9000世帯が抽出されます。選ばれた世帯は6カ月（単身世帯は3カ月）にわたって家計簿を記入し、その後は別の世帯に交代するという方法で調査が継続します。9000世帯分の家計簿が集計され続けており、二人以上の世帯における家計収支の結果は調査翌月に速報値が発表されます。

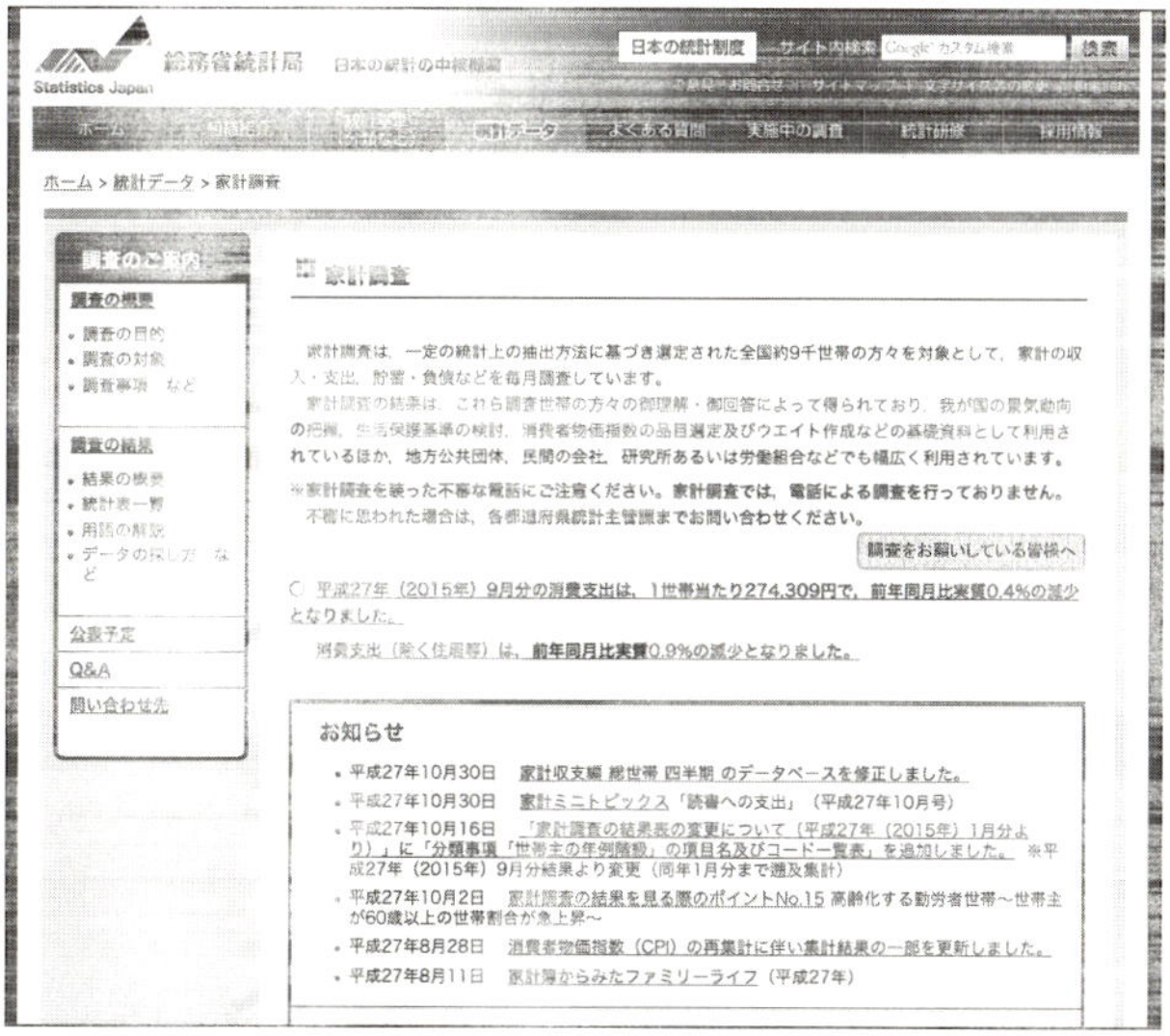

□総務省統計局　家計調査

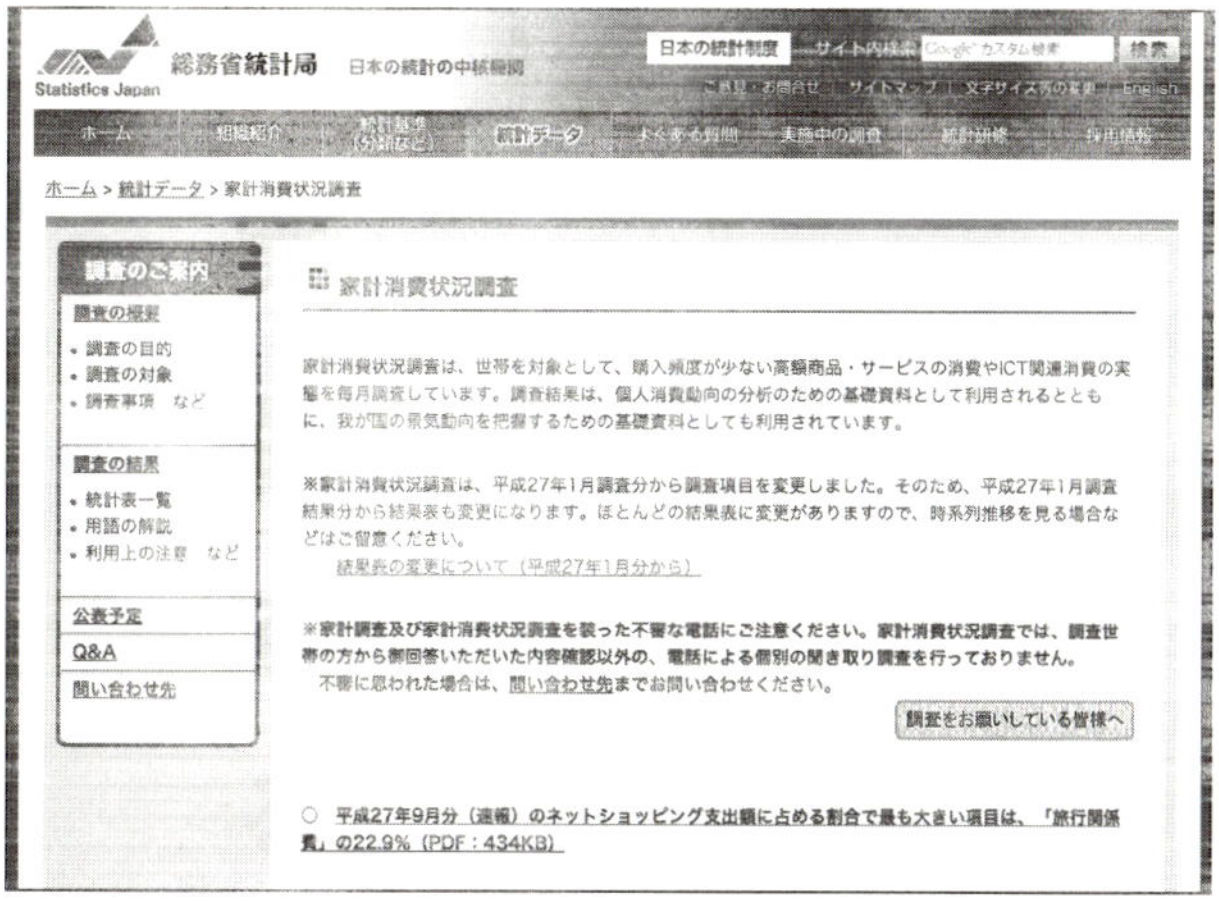

□総務省統計局　家計消費状況調査

もうひとつは同じく総務省が行っている家計消費状況調査。こちらは前述の家計調査とは別で、都道府県3000カ所の調査地点から10世帯ずつ、3万世帯が対象です。同じ世帯の家計を1年間継続して調査し、結果は1カ月ごとに集計します。調査項目は世帯の総支出額のほか、電子マネー・インターネットでの商品購入額など家計調査を補完する目的でさまざまな項目が加えられており、スマートフォン、携帯電話の通話料金、インターネットの接続料金なども詳しく調査、集計されます。

なお、家計調査と家計消費状況調査を統合した、「家計消費指数」も総務省が毎月公表しています。

「誰が調査したのか」も重要な要素

こうしたデータを扱う場合、**初めて見るデータの場合は必ず調査を行った主体がどこなのか（この場合は総務省）、調査対象と対象者数、調査期間、対象抽出方法はどうなっているのか、公表頻度はどれくらいかを必ず把握しておきましょう。**

今回知りたいのは「家計における携帯通信料が占める割合」「割合の増減推移」ですが、できれば「各家庭が支払っている通信料の平均額」も知りたいところです。同時に、携帯の通信料はおそらく若い世代がいる家庭のほうが高額であろうと想像がつきます。「携帯料金で苦労している世帯はどれくらい負担が

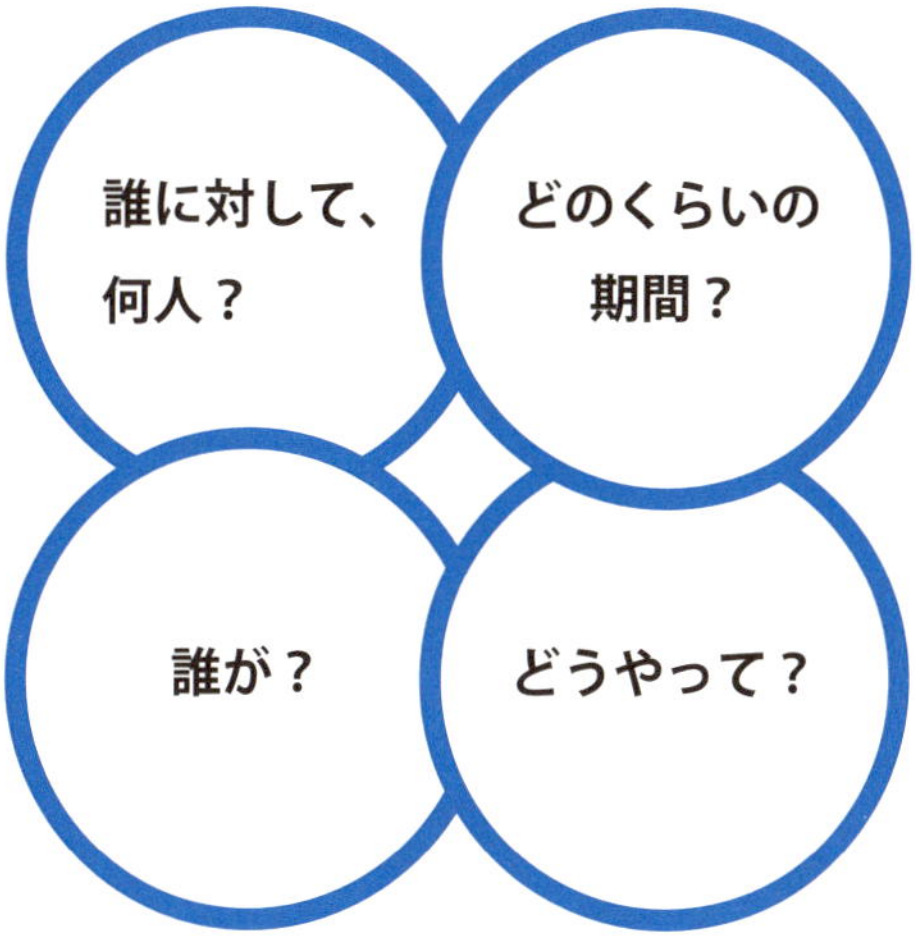

□データ調査の方法を知っておく

大きいのか」ということもわかったほうがいいし、逆に高齢者世帯の実態も知りたい。家計調査がどんな内容なのかをざっとでも知っていれば、「これなら家計調査か家計消費状況調査の速報にほしいデータがあるはずだ」ということがわかります。

総務省統計局のウェブサイトには「家計調査のしくみと見方」(※1)といったページがあり、Q&A(※2)もあるので一応ここを読んでおきましょう。最初はどこにどんなデータがあるのかがわかりにくいかもしれませんが、少し慣れればそれほど難しくはありません。

こうした基礎データは内閣府や日銀も資料として使っています。つまり、国家の財政、金融政策の立案、分析のための基礎資料となるものですから、ときどきアクセスして概要の部分だけでも眺めておくと仕事にも役立つでしょう。

また、こうした数値をもとにした分析、たとえば「携帯料金が家計支出の中で占める割合が大きくなっている」という見方を自分の家庭での実感と比較し、「その通り」か、あるいは「そうでもない」か考えてみることもできます。**もし自分の家庭での実感が公的な分析や政府の見解と違う場合、それがなぜなのか、といったことも統計から考えることができるはずです。**

※1　総務省統計局「家計調査のしくみと見方」http://www.stat.go.jp/data/kakei/10.htm
※2　総務省統計局「Q&A」http://www.stat.go.jp/data/kakei/qa-1.htm#A1

「うちの場合はそれほど携帯料金の負担が大きいようには感じていないが、もしかすると結婚したばかりでまだスマホを使う年齢の子供がいないからだろう」といった推測をした場合は、世帯主の年齢別の調査結果などを見て、自分の「仮説」をたしかめることも可能です。

POINT

〝自分の実感〟から結論を推測する

都合のいいデータばかりを探さない

この場合に大切なのは、自分の仮説に都合のいいようなデータばかりを探し、「違う結果が導かれてしまう可能性があるデータ」を無視しないことです。

慣れてくると特に注意しなければならないのが、「こうなるに決まっている」という思い込みで仮説を立て、それに沿ってデータを意図的に集めようとすることです。これをやると、とんでもない見逃しをする可能性があります。特に政府の見解、政府の諮問機関などが主張している見解などは「それを証明するデータ」を探すより、「どんなデータを根拠にしているのか」を調べ、一次データを見直して「本当にそうなのか」ということを確認します。

また、別の主体が行った調査を複数見ておくことも必要です。同じ内容に関しての調査はけっしてひとつしかないわけではありません。業界団体の調査、携帯メーカー独自の調査、年齢層が限られているが母集団が非常に大きいデータ、ネットユーザー限定で行ったものなどさまざま。「政府がいっているから」「○□新聞にもそう書いてあるから」と信用する前に、まずは**自分の手と目で、できるだけ調査結果を調べてみることが非常に大事です。**

今回については、まず「安倍首相の発言内容がどのデータを根拠にしたか」を推測し、総務省のデータに直接あたることで内容を確認しました。しかし、携帯通話料金は、携帯電話の普及率の急激な伸び、料金体系や価格変化の速さ、通信料・通話料などの仕組みの複雑さなどから、調査に独自の難しさがあります。そのためコメの価格のように、古いデータと直近のデータを同列に並べて比較することが非常に困難です。

以前であれば、電話料金が高い理由といえば「回数が多い」か「長電話が多い」か「長距離電話が多い」というものでしたが、現在はそれほど単純ではありません。それが最初から予測されているわけですから、調査主体である総務省がどんな調査方法をとったのか、どうやって集計しているのかを見て、それに妥当性があるかどうかをチェックすることも必要です。

POINT

データは常にフラットな視点で見る

キーワードの工夫で検索結果は大きく変わる

さて、私は経験からまず総務省の家計調査、家計消費状況調査を見ればいいことがわかりましたが、どこにデータがあるか見当もつかない場合はグーグルなどの検索エンジンで調べましょう。

ただ、単に「携帯料金」と検索しても、当然ですが通信各社の携帯料金プランや支払いに関する情報、各種サービスの料金、各社の料金比較などの結果が数千万件も表示されるだけです。「携帯料金」に、まずは「家計」というキーワードをひとつ加えてみてください。すると、検索結果上位には9月11日の安倍首相の指示に関するニュース、ブログ記事などが並び、これが話題になっていることがわかりますが、実際の数字はなかなか出てきません。そこで、さらに「統計」というキーワードを加えると上位に総務省統計局のURLが出てきて、総務省統計局

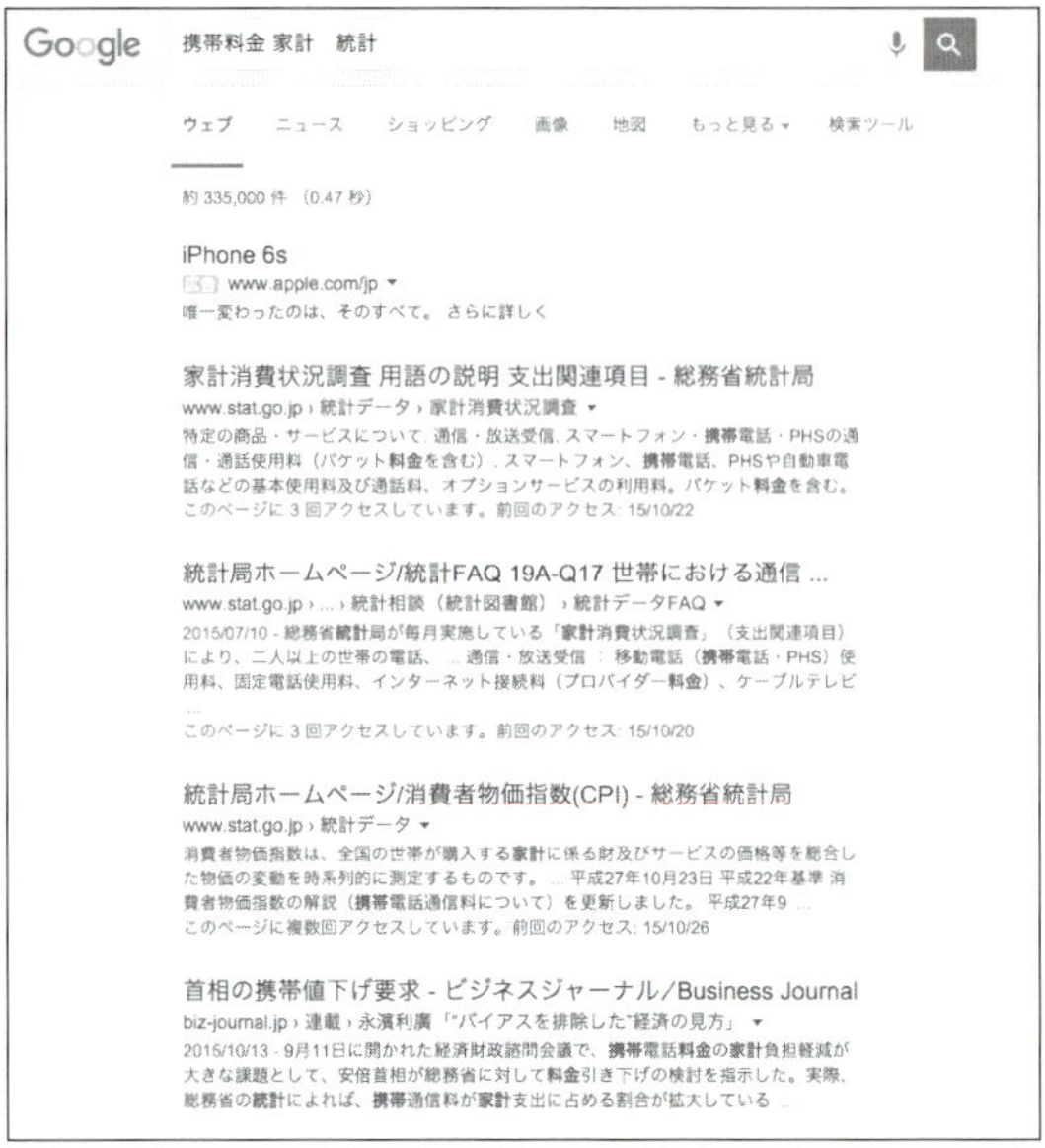

□「携帯料金　家計　統計」のグーグル検索結果

の「家計消費状況調査　用語の説明　支出関連項目」というページがトップに表示されます。この調査の中に、「特定の商品・サービスについて」という項目があり、「携帯料金」（スマートフォン・携帯電話、ＰＨＳ通信・通話などの使用料）の項目があることがわかります。

POINT
検索ワードの組み合わせが検索結果を決める

前提となる数字も疑ってみる

あるいは、首相が発言した会議の詳細を調べてみるという方法もあります。

「経済財政諮問委員会」というのは内閣府に設置されている会議で、別に極秘会議でも何でもありません。議事録もあれば、そのとき使われた資料も公開されます。そこで、「経済財政諮問会議」で検索してみると、最初にヒットするのがまさに内閣府の経済財政諮問会議のトップです。平成27年の会議情報一覧から9月11日を見ると、「大臣会見要旨」「議事要旨」そして、「会議資料」も公開されています。会議資料を開き、まずは「議事次第」というのを見てください。説明資料を上から順に開いてみると、「資料３－２」が今回話題になっている内容に重なることがすぐわかります。

経済財政諮問会議（9月11日）

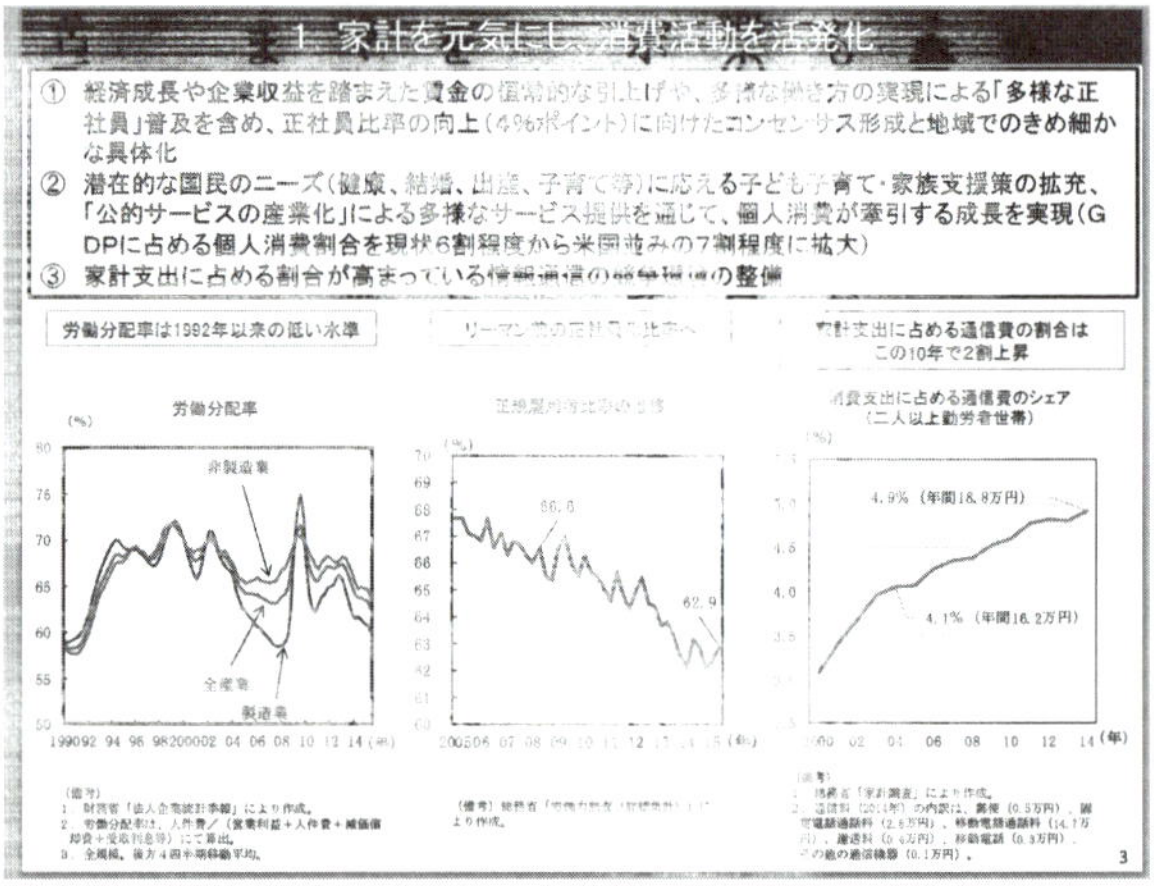

経済財政諮問会議の会議資料

資料の3枚目には「家計支出に占める通信費の割合はこの10年で2割上昇」という見出しで、「消費に占める通信費のシェア」（二人以上勤労者世帯）というグラフが掲載されています。備考を読むと、これは総務省の家計調査から作成したものだと明記されています。同時に、通信料には郵便も固定電話も、携帯電話も含まれていることもわかる。

「携帯電話料金だけの調査ではないとすると、この数字だけを見て『携帯電話料金が高い』とは言い切れない」ということもわかります。郵便や固定電話を利用している人は減っているといわれており、それでも通信料全体が高くなっているということは、おそらく「携帯電話料金のせいだろう」と予測できます。一方で、「二人以上世帯の携帯電話料金は年間平均18万円」というわけではないことは、心にとどめる必要があるといえるでしょう。

ともあれ、携帯電話料金が高い、下がっていない、ということについてのデータは、この資料を見ても総務省の家計調査であることがはっきりしたわけです。

POINT
「一次データ」は意外なほど誰でも見られる

「検索結果の森」に迷い込まない

このように、検索のやり方を工夫することでさまざまな資料を見つけることができます。しかし、ここであまり興味を拡げすぎてしまうと、いつまでたってもレポートを書き始めることができません。これは、素早くレポートを書くために注意すべき大きなポイントなのです。

データを集める、取材する、調査するという作業は大変面白いものです。特に、少し慣れてくると知らないことが次々にわかっていき、「きっとここに目的のデータあるはずだ」と見当をつけて、その通りになるとどんどん面白くなってきます。さらに他人とは違う視点からの調査を考えたり、データを探したりするのも楽しい。また、何かしらの調べ物があり辞書や百科事典、あるいはウェブサイトを読んでいて、目についたページをあちこち読んでいるうちに何を調べていたのかを忘れてしまっていた……という経験はないでしょうか。特に、**興味のあるもの、関連項目にワンクリックで飛べるインターネットは非常に便利な半面、自分の思考の方向が錯綜してデータの中で漂流してしまうことが多いものです。**

しかも、それぞれの情報を読んでいくこと自体は面白いので、ますます「検索の深み」にはまってしまいがちです。そのうち資料はどんどん増えていっても、レポートは一向にできないということになりかねません。私自身も、新しい分野、専門外の分野について調べるときは、ついレポートとはあまり関連がない資料までピックアップしてしまうこともあります。レポートに直接関係のない資料は別の場所にクリップするなどして、本筋を見失わないようにしましょう。

ただ、その本筋を大切にするというのは、自分の仮説にこだわりすぎるという意味ではありません。仮説を補強できる資料を探すという目的でデータを探し、もし仮説を否定するデータを見つけてもそれを排除しないという姿勢を保つべきだということです。

POINT
レポートを仕上げるスピードも大事な要素

「一次データ」を見なければわからない

さっそく実際のデータを見てみましょう。まず、首相の「携帯料金が家計消費に占める割合が増えている」という発言に関する一次データは、家計消費状況調査にありました。そこで、「家計消費状況調査」のトップページに行き、「調査の結果」を開きます。さらに「統計表一覧」をクリックすると、「家計消費状況調査」の調査結果が一覧で出てきました。

ここには年報、月次結果、四半期平均などの項目が並び、さらに下のほうを見ていくと、「参考表（時系列データ）」として、平成14年～27年までの過去データがまとめられていることがわかります。今知りたいのは、携帯料金が世帯の支出の中に占める割合の「推移」です。少なくとも10年程度の数字を並べて、**増えているのか減っているのかを知りたい。そうなると「時系列データ」が必須です。**最新の数値だけ調べても意味はありません。最新版の表でも、だいたいは前年同月比なども併記されていますが、過去10年

参考表（時系列データ）

支出金額、名目増減率、実質増減率

月次結果

- 平成14年から22年までの結果（二人以上の世帯）（エクセル：529KB）
- 平成14年から22年までの結果（二人以上の世帯のうち勤労者世帯）（エクセル：485KB）
- 平成23年から26年までの結果（二人以上の世帯）（エクセル：249KB）
- 平成23年から26年までの結果（二人以上の世帯のうち勤労者世帯）（エクセル：259KB）
- 平成27年以降の結果（二人以上の世帯）（エクセル：85KB）
- 平成27年以降の結果（二人以上の世帯のうち勤労者世帯）（エクセル：102KB）

四半期平均結果

- 平成14年から22年までの結果（二人以上の世帯）（エクセル：241KB）
- 平成14年から22年までの結果（二人以上の世帯のうち勤労者世帯）（エクセル：243KB）
- 平成23年から26年までの結果（二人以上の世帯）（エクセル：145KB）
- 平成23年から26年までの結果（二人以上の世帯のうち勤労者世帯）（エクセル：161KB）
- 平成27年以降の結果（二人以上の世帯）（エクセル：69KB）
- 平成27年以降の結果（二人以上の世帯のうち勤労者世帯）（エクセル：86KB）

インターネットを利用した支出の状況

- 平成14年から26年までの月次結果（二人以上の世帯）（エクセル：59KB）
- 平成27年以降の月次結果（二人以上の世帯及び二人以上の世帯のうち勤労者世帯）（エクセル：49KB）

ICT関連の結果

- ICT関連の機器・サービスの保有・利用状況　平成14年から19年までの結果（総世帯）（エクセル：38KB）
- インターネットの利用状況　平成14年から19年までの結果（総世帯）（エクセル：43KB）
- 地上デジタル放送・BS放送の視聴状況、インターネットの利用状況　平成20年以降の結果（総世帯）（エクセル：48KB）
- 電子マネー等関連の利用状況　平成20年から26年までの結果（総世帯）（エクセル：53KB）
- 電子マネーの利用状況　平成27年以降の結果（総世帯）（エクセル：32KB）

□過去10年分のデータを抽出する

	B	C	D	E
1	１世帯当たり１か月間の支出			
2	全国（二人以上の世帯）			
3				
4–8	項　　目	平成27年 1-3月	4-6月	7-9月
9	世帯数分布（抽出率調整）	10,000	10,000	10,000
10	集計世帯数	18,806	17,501	16,906
11	世帯人員（人）	3.03	3.03	3.03
12	有業人員（人）	1.47	1.46	1.45
13	世帯主の年齢（歳）	59.9	59.5	59.7
14				
15	４４品目計	78,887	74,301	75,370
16	通信			
17	０１　ｽﾏｰﾄﾌｫﾝ・携帯電話・PHSの通信・通話使用料	11,296	10,911	10,904
18	０２　インターネット接続料	3,382	3,128	3,124
19	家具等			
20	０３　たんす	112	105	60
21	０４　ベッド	263	251	234
22	０５　布団	407	316	354
23	０６　食器戸棚	104	103	105
24	０７　応接セット	224	266	300
25	０８　楽器（部品を含む）	213	173	130
26	衣類等			
27	０９　背広服	996	727	458
28	１０　婦人用スーツ・ワンピース	1,174	877	813
29	１１　和服(男子用・婦人用)	413	384	469
30	１２　腕時計	264	203	311
31	１３　装身具（アクセサリー類）	700	591	533
32	自動車等関係			
33	１４　自動車（新車）	14,592	11,014	11,045
34	１５　自動車（中古車）	3,898	3,423	3,653
35	１６　自動車保険料（自賠責）	1,046	998	808
36	１７　自動車保険料（任意）	3,533	3,787	2,969
37	１８　自動車以外の原動機付輸送機器	263	344	268
38	１９　自動車整備費	4,760	4,243	3,850

のデータが知りたい場合なら、やはり時系列データの項目を見る必要があります。

今回はその中で、「四半期平均結果　平成14年から22年までの結果（二人以上の世帯）」と、「平成23年から26年までの結果」「平成27年以降の結果」の３つを使いました。

それぞれの表はエクセルで用意されています。残念ながら年ごとのデータではなく四半期のものしかなく、しかも「14年～22年」「23年～26年」「27年」に分かれていたため、四半期データを年ごとのデータに集計し直すことにします。少し手間がかかりますが、フォーマットは同じです。

目指す数字は各表の17行目、「スマートフォン・携帯電話・ＰＨＳの通信・通話使用料」。まず、新しいファイルを開き、そこにダウンロードした３つの表の中から、必要な項目の列、行だけをコピー＆ペーストで貼り付けてしまいます。

最も重要なのは各年の携帯電話使用料、四半期ごとの金額。さらに、この金額が家計に占める割合を知るために、同じ時期の「支出総額」も必要です。これはいずれの表でも91行目にあります。

四半期ごとの携帯電話使用料、支出総額の数字が出てきたらこれを合算し、平成14年～27年まで、1年ごとの平均携帯電話使用料、家計支出総額を求めます。あとは携帯電話使用料を支出総額で割れば、その年度の携帯料金が家計に占める割合が出ます。

これを表に整理してからグラフ化し、さらに家計調査のデータについても同じように調べて計算し、同じグラフ内に表示することにしました。このふたつの調査は調査対象、調査方法が違うため数値に差が出ますが、上昇していることはどちらも同じです。

POINT

推移を知るには「時系列データ」が必須

官公庁が出しているデータはこう見る

さらに「携帯電話の料金が下がっていない」ということについても、データにあたって検証する必要があります。というのも、なんとなくの生活実感として、携帯料金は昔に比べれば安くなっているようにも感じられるからです。最近は携帯各社がさまざまな定額サービス、割引サービスを用意しており、世代によってもその使い方はさまざま。ですから、携帯料金そのものがはたして下がっているのかいないのか、意外にわかりくいものです。

安倍首相が「携帯料金は安くなっていない」という以上、まずその発言の根拠となっているものの確認が必要です。そこで調べたのが「消費者物価指数」。「物価といえば消費者物価指数」というのは、こうしたリサーチでは常識です。これも総務省が行っている政府の統計で、統計局のサイトなどで誰でも簡単に入手できます。

ただし、調査項目が非常に多いため、見慣れないとなかなか目指すところに行きつけません。

しかも携帯電話の料金の場合、細目のどこまでを利用料金に含めるのかは意外にわかりにくいものです。通話料、パケット代、機種代金、通信各社独自のサービス代金、さらには携帯サイトでの商品購入・サービス利用代金など、さまざまなものが一緒に引き落とされることも多く、その利用法も世代などによって実に多様です。かつてのように電話といえば「通話料だけ」という時代ではありませんから、統計もさまざまです。

消費者物価指数を調べたい場合は、グーグルからでもすぐに検索できます。もちろん総務省統計局の「統計データ」からでも見られますが、正直なところ、官公庁のデータというのは省庁のトップから探し出そうとするとかなりめんどうで、階層の非常に深い場所に重要なデータがあったりするため、**私はほとんど**

時系列データ

e-Stat の項目は、政府統計の総合窓口「e-Stat」掲載の統計表です。

概要

2009年12月以前の旧基準の指数系列を、2010年（平成22年）を100とする指数に換算したもの（接続指数）及び現行基準の最新月（年平均・年度平均）までの指数を掲載しています。新・旧指数の接続方法については「平成22年基準　消費者物価指数の解説」の「新・旧指数の接続（PDF：104KB）」を参照してください。

（2010年（平成22年）基準結果における注意点）

変化率などの数値は、端数処理（四捨五入）の関係で、公表された指数を用いて算出した値とは一致しない場合があります。詳しくは 利用上の注意 をご覧ください。

統計表

- CSV では、CSV形式で時系列データを閲覧できます。
- Excel では、EXCEL形式で時系列データを閲覧できます。
- DB では、レイアウトを設定して統計データを閲覧できます。

全国（品目別価格指数）

月次（1970年1月～最新月）	e-Stat	（2015年10月30日公表）
年平均（1970年平均～2014年平均）	e-Stat	（2015年6月26日更新）
年度平均（1970年度平均～2014年度平均）	e-Stat	（2015年6月26日更新）

※「持家の帰属家賃を除く総合」については1946年8月分から掲載しています。

東京都区部（品目別価格指数）

月次（1970年1月～最新月）	e-Stat	（2015年10月30日公表）
年平均（1970年平均～2014年平均）	e-Stat	（2015年1月30日公表）
年度平均（1970年度平均～2014年度平均）	e-Stat	（2015年5月1日公表）

※「持家の帰属家賃を除く総合」については1946年8月分から掲載しています。

※東京都区部の最新月は中旬速報値です。

□「消費者物価指数」も統計局のサイトにある

の場合、通常の検索エンジンを使います。

さて、消費者物価指数（CPI）が見つかったら、次に「集計結果」へ。そのページの中にある「時系列データ」に移動。「統計表」の項目内にある「全国（品目別価格指数）」→「年平均（1970年平均～2014年平均）」に移動してみてください。そこから表番号1（指数）「教養娯楽～情報通信関係費」を開くと、Cの列に「携帯電話通信料」の項目があります。これが携帯電話通信料の消費者物価指数の推移を表す数字で、基準年2010年を100とした場合の指数が書かれています。

2000年以降の指数がありますから、該当部分を抜き出し、新しいエクセルの書類に貼り付けてみました。グラフ化するとこんな感じになりました。

ここで、2000年代からの「携帯電話料金」というのはいったいどういう基準で調査したものなのかと

e-Stat 政府統計の総合窓口

平成22年基準消費者物価指数 ＞長期時系列データ ＞品目別価格指数 ＞全国 ＞年平均

各行にある Excel CSV PDF DB のボタンを押すと該当データが表示されます。

2015年1月30日公表 DB

表番号	統計表		
全国			
1	中分類指数(1970年～最新年)	CSV	正誤情報
	持家の帰属家賃を除く総合(1947年～最新年)	CSV	正誤情報
	品目別価格指数(1970年～最新年)		
	総合～チューインガム(含類総連番001～197)	CSV	正誤情報
	調理食品～モップレンタル料(含類総連番198～388)	CSV	正誤情報
	被服及び履物～補習教育(高校・予備校)(含類総連番389～577)	CSV	正誤情報
	教養娯楽～情報通信関係費(含類総連番578～750)	CSV	正誤情報
	財・サービス分類指数(含類総連番751～790)	CSV	正誤情報
2	中分類 前年比(1971年～最新年)	CSV	正誤情報
	持家の帰属家賃を除く総合 前年比(1948年～最新年)	CSV	正誤情報
	品目別 前年比(1971年～最新年)		
	総合～チューインガム(含類総連番001～197)	CSV	正誤情報
	調理食品～モップレンタル料(含類総連番198～388)	CSV	正誤情報
	被服及び履物～補習教育(高校・予備校)(含類総連番389～577)	CSV	正誤情報
	教養娯楽～情報通信関係費(含類総連番578～750)	CSV	正誤情報
	財・サービス分類指数(含類総連番751～790)	CSV	正誤情報

	A	B	C	D
1	類・品目	固定電話通信料	携帯電話通信料	運送料
2	Group/Item	Telephone charges	Mobile telephone ch	Forwarding charges
3	類・品目符号(Group/Item code)	7410	7430	7433
4	含類総連番(Serial number)	553	554	555
5	ウエイト(Weight)	29385331	67934336	4680995
6	ウエイト1万分比(Weight per 10000)	93	215	15
7	1970	95.1		
8	1971	95.4		
9	1972	95.9		
10				
	1995	133.1		
33	1996	132.5		104.9
34	1997	132.5		106.4
35	1998	129.4		106.9
36	1999	129		106.9
37	2000	124.8	118.4	106.8
38	2001	115	114.2	106.8
39	2002	113.4	112.9	106.8
40	2003	113.4	112.9	106.8
41	2004	112	112.2	106.8
42	2005	99.8	112.1	106.8
43	2006	99.8	105.6	106.4
44	2007	100	101.7	106.8
45	2008	99.9	101.6	106.8
46	2009	100	101	101.7
47	2010	100	100	100
48	2011	100	100	100
49	2012	99.9	99.9	100
50	2013	99.8	99.6	100
51	2014	101.8	100.1	102
52				

携帯電話通信料の消費者物価指数

年	指数
2000	118.4
2001	114.2
2002	112.9
2003	112.9
2004	112.2
2005	112.1
2006	105.6
2007	101.7
2008	101.6
2009	101
2010	100
2011	100
2012	99.9
2013	99.8
2014	100.1

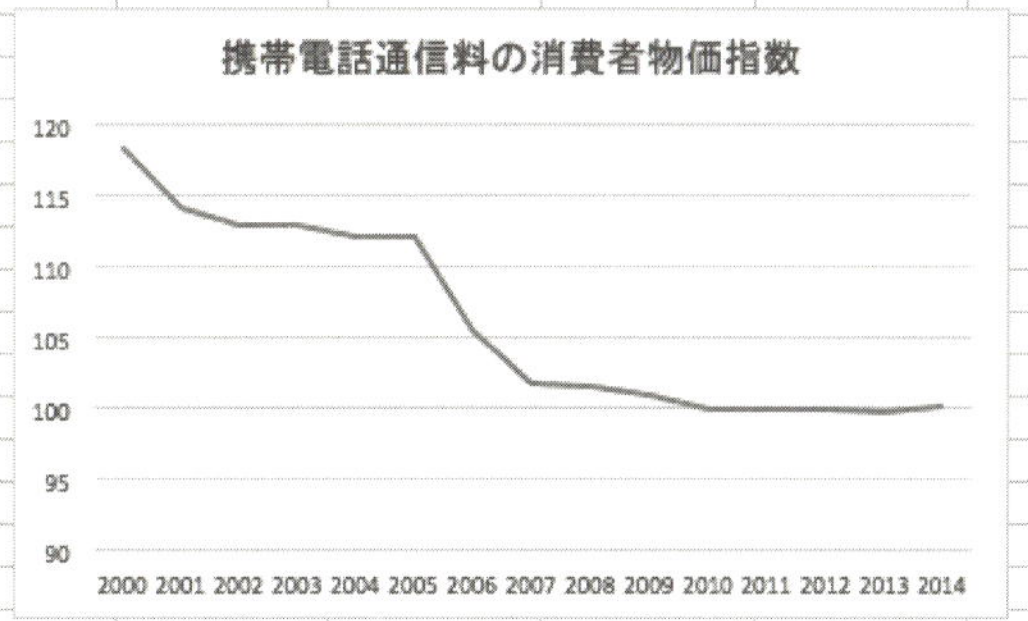

□一次データを元にグラフを作成

いう疑問がわいてきます。この数値については、統計局がモデル品目の計算方法などについて公開しており、「品目『携帯電話通信料』（7430）は、国内通話・パケット通信に係る料金で別途の情報量は除き、契約数の多い事業社3社を対象として、詳細を定めて算出した」という説明があり、算出式も公開されているのですが、その算出式はかなり複雑なのでそこまで見る必要はありません。

ただ統計の数字を扱う場合、引用する場合などは、一応「どんな方法で調べたのか」「何を対象としたのか」といったことだけは、ざっとでも知っておいたほうがいいでしょう。というのも、「携帯代」といってもいったい何を含むのか、というのは日常的な単語でありながら、前述の通り、それに何が含まれるかは人によっても世代によっても、解釈によっても違い、非常にわかりにくいためです。

一般の企業でレポートを書いて提出する場合でも、

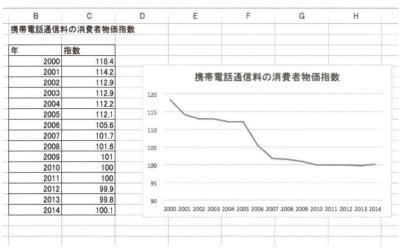

上司や同僚から「この数字はどこから出てきたものか？」「どうやって算出した数字なのか？」などと追及されることがあるでしょう。そんなとき、**データの出所があいまいで算出方法についてもしっかりした説明ができなかったりすると、レポートそのものに対する信憑性が揺らいでしまいます。**

調査結果について勘違いしたまま、あるいはあやふやなままでレポートの結論の「根拠」にすると、結論そのものが変わってしまう可能性もあります。

もし、この「消費者物価指数」の数値が携帯電話の「通話料」だけで、「通信料（パケット代）」が含まれていない数値だった場合、その数字は、今回のレポートにとってあまり意味がありません。また、直前に調べた「消費支出における携帯電話料金」と比較するためにも、不適切なデータということになります。

データを扱う場合、数字に何が含まれるのか、どうやって調査したのかということについては、大雑把にでも知っておくことが必要です。

POINT

数字が語ることを読み取る力をつける

同じ数字も〝どう見るか〟で大きく変わる

さて、消費者物価指数で携帯電話通信料について見ると、２００９年からはほぼ横ばいといっていい数字です。首相のいう通り近年「下がっていない」のはたしかです。しかし、２００２年から２００７年にかけては通信料が大きく下がっています。このグラフを見て「全体として下がっている」という人がいる可能性もあります。

実は総務省はこんなページも公開しています。「情報通信白書 for Kids」（※）という子供向けのサイトですが、「モバイル通信の世界」というページで、「携帯電話の通信料金は年々安くなっていますよ」と書かれています。これは日銀の「企業向けサービス価格指数」を元にしています。

平成27年「情報通信白書」（1部1章）でも、同じデータを用いて「通信料金の推移は、近年に限ると料金は横ばいに近づきつつあるが、期間全体としては、事業者間の競争の結果、通信料金の低廉化が進んだことがわかる」と説明しています。

このページを公開した段階での総務省の見解は、「携帯料金は最近横ばいだが、全体としては安くなってきている」というもので、「全体としては安くなってきている」「競争原理は働いている」という点を強調したいようです。

ただ今回、安倍首相は総務省に対して「携帯料金は下がっていない」「消費支出内の割合は増えている」

※ http://www.soumu.go.jp/joho_tsusin/kids/index.html

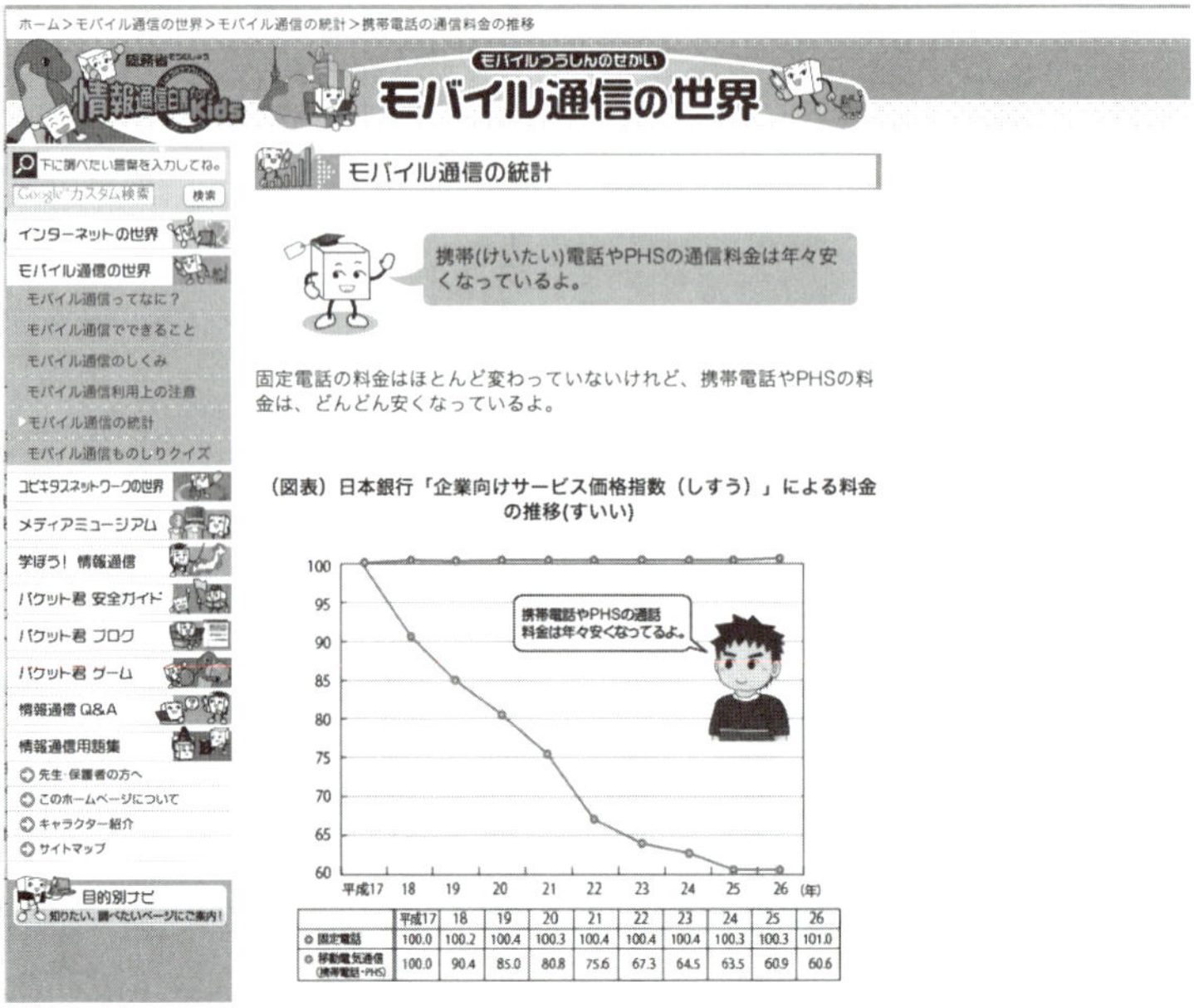
ホーム＞モバイル通信の世界＞モバイル通信の統計＞携帯電話の通信料金の推移

総務省 情報通信白書 for Kids

モバイルつうしんのせかい

モバイル通信の世界

下に調べたい言葉を入力してね。

Google™カスタム検索　検索

インターネットの世界

モバイル通信の世界

モバイル通信ってなに？

モバイル通信でできること

モバイル通信のしくみ

モバイル通信利用上の注意

モバイル通信の統計

モバイル通信ものしりクイズ

ユビキタスネットワークの世界

メディアミュージアム

学ぼう！ 情報通信

パケット君 安全ガイド

パケット君 ブログ

パケット君 ゲーム

情報通信 Q&A

情報通信用語集

先生・保護者の方へ

このホームページについて

キャラクター紹介

サイトマップ

目的別ナビ　知りたい、調べたいページにご案内！

モバイル通信の統計

携帯(けいたい)電話やPHSの通信料金は年々安くなっているよ。

固定電話の料金はほとんど変わっていないけれど、携帯電話やPHSの料金は、どんどん安くなっているよ。

（図表）日本銀行「企業向けサービス価格指数（しすう）」による料金の推移(すいい)

	平成17	18	19	20	21	22	23	24	25	26
固定電話	100.0	100.2	100.4	100.3	100.4	100.4	100.4	100.3	100.3	101.0
移動電気通信(携帯電話・PHS)	100.0	90.4	85.0	80.8	75.6	67.3	64.5	63.5	60.9	60.6

□「情報通信白書 for Kids」のサイト

2 通信料金の推移

最後に、通信自由化以降の30年で、利用者が通信サービスを利用する際の料金はどのように変化したのだろうか。ここでは、日銀の企業向けサービス価格指数[*4]（2005年基準）に基づき1985年から2014年までの主な通信料金の推移を、1985年を100としてグラフ化した。これをみると、特に移動通信サービス（携帯電話及びPHS）の料金低廉化が著しい。固定電話やインターネット接続サービスの料金についても、2005年頃まで低廉化が進んでいる。近年に限ると料金は横ばいに近づきつつあるが、期間全体としては、事業者間の競争の結果、通信料金の低廉化が進んだことがわかる（図表1-2-2-2）。

ここで、携帯電話通話料金を例にとって、利用者料金の推移を国際比較してみよう。総務省「電気通信サービスに係る内外価格差に関する調査」（2013年）で用いた通話モデル（月間の平均通話分数82分（2012年の平均利用実績））を基準として、2003年及び2013年時点の東京、ニューヨーク、ロンドン、パリ、デュッセルドルフの各都市における携帯電話料金を試算し、その推移をみたのが右図である[*5,6,7]。我が国（東京）における携帯電話通話料金の低廉化が、国際的にみても著しいものであったことがわかる（図表1-2-2-3）。

図表1-2-2-2　通信料金の推移

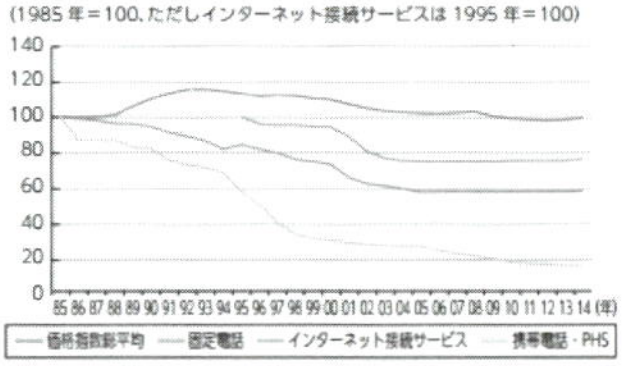

（出典）日本銀行「企業向けサービス価格指数（2005年基準）」に基づき総務省作成

図表1-2-2-3　携帯電話通話料金の国際比較

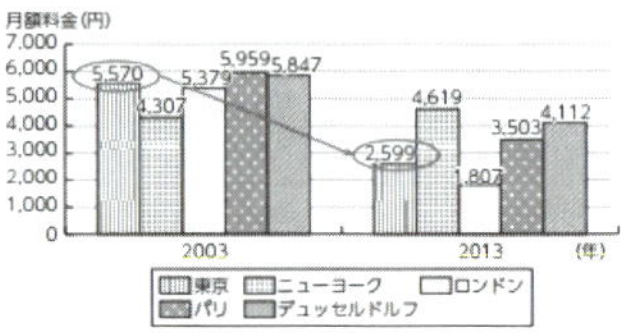

（出典）総務省作成資料

□平成27年　情報通信白書

として、「もっと下げるべき」といったわけです。

つまり同じデータであっても、この10年全体の傾向なのか、直近4～5年の傾向なのかによって、見方は変わってきます。安倍首相が「下がっていない」といっていたのは、最近数年の話なのだ、ということがわかりました。こうしたことは、時系列データにあたってみて初めてわかることです。

過去5年間のグラフだけを見ると、携帯電話料金は長年にわたってぜんぜん下がっていないように感じます。下がっている2002年から2007年をカットして、下がっていない最近の5年だけを拡大したグラフだからです。

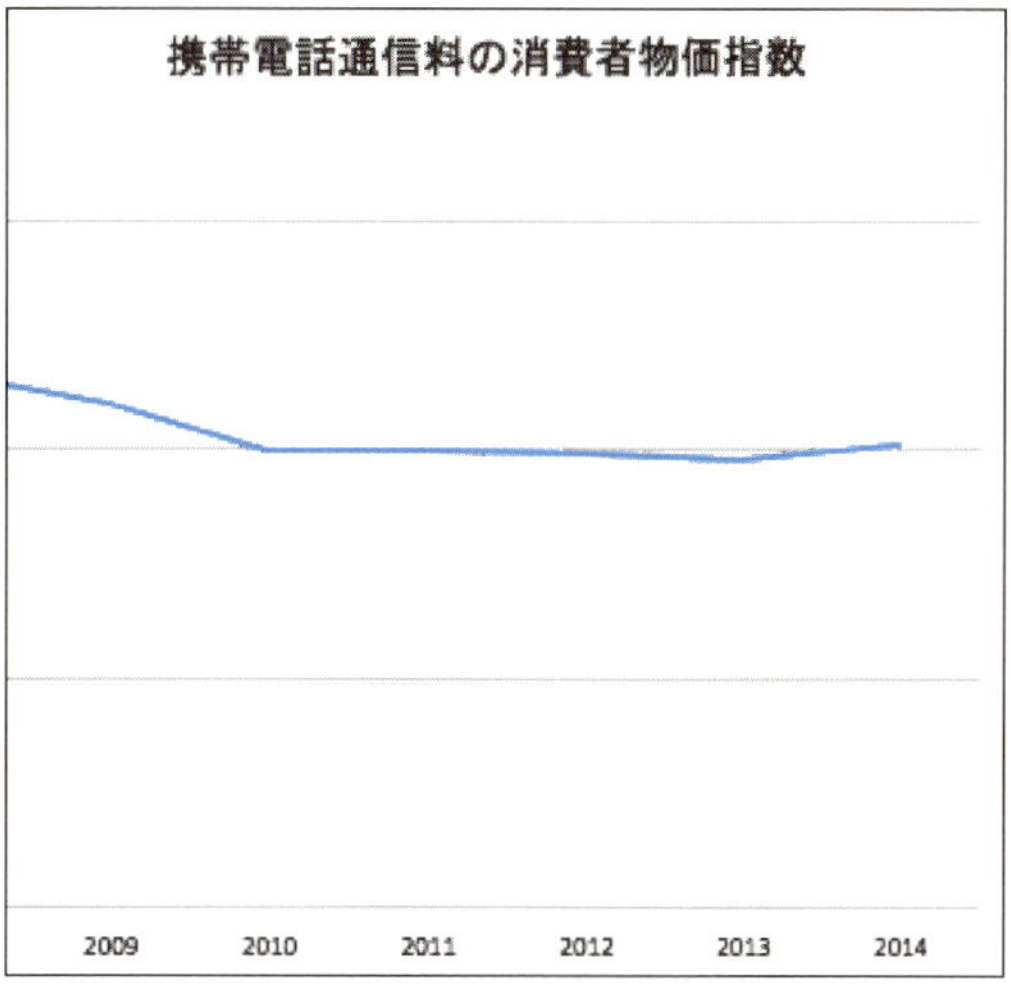

□「どこを切りとるか」で印象は大きく変わる

時系列のグラフの「どこを見るか」で見え方も変わってくることがあります。自分の主張を裏づけるために、恣意的に「都合のいい部分だけ」を取り出して強調したグラフを作ることも可能です。これは、場合によっては企画などを通すための「テクニック」として使われますが、**過度の演出をするとレポート全体の信頼を損なうことになります。**しかも、そのグラフを根拠としてその後の論旨を展開するのも危険です。その場はうまく事が運んだとしても、後で大きく足をすくわれる結果にもなりかねません。データを扱うときは肝に銘じておきましょう。

逆に、自分がレポートを読むときには、グラフの波形だけではなく、期間や単位も確認することが非常に大事だということがわかるでしょう。

POINT

データを自分の都合のいいように見せると墓穴を掘ることも

一次データを簡単なグラフに作り直す

実は、携帯料金に関する調査はこれ以外にもさまざまなものがあります。ためしに検索してみるとわかりますが、さまざまなシンクタンク、リサーチ会社による調査、企業の独自調査、メディアの調査と実に多様なデータがあります。その場合「どれを見るか」が非常に迷うところですが、この場合は首相が根拠としているものに直接あたるべきなので、総務省のデータ、つまり家計調査および家計消費状況調査のふたつをまっさきにチェックし、一次データから独自にグラフを作りました（グラフ1、グラフ2）。

民間のリサーチ結果も面白いものが多いので、目的によっては参考にしますが、その場合も**いつ、どんな目的で、どのような手法で、誰を対象として、どの程度の規模で行ったものなのかについては必ず目を**

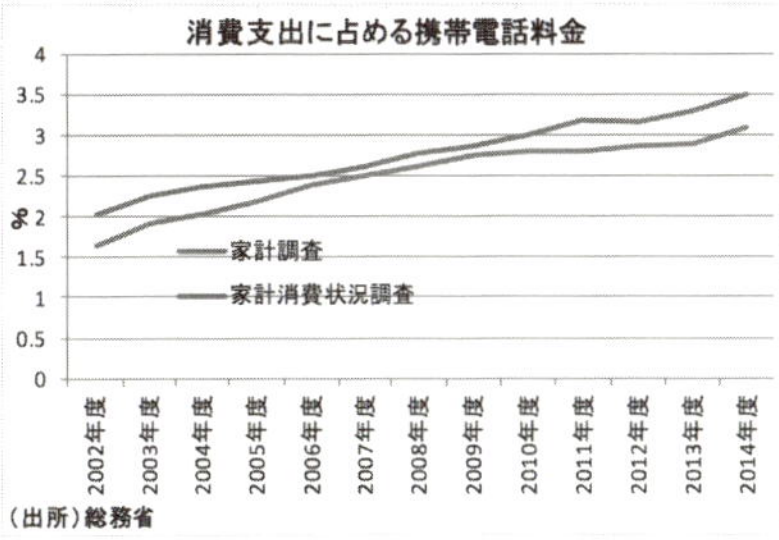

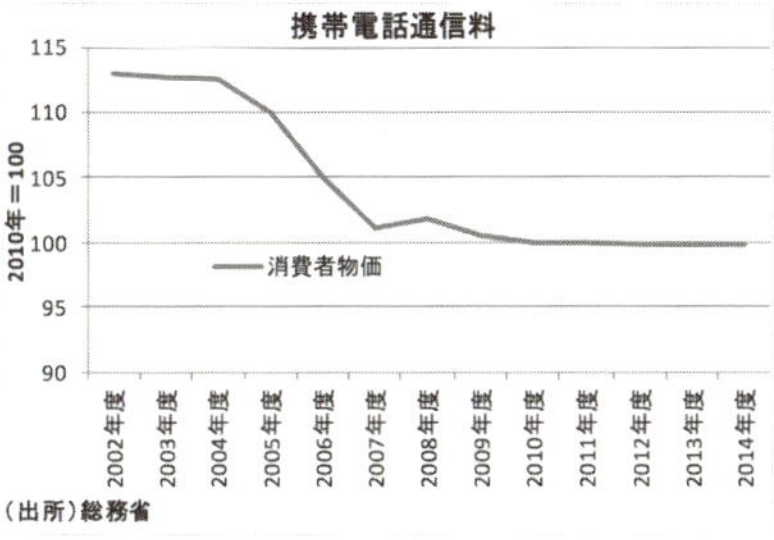

□［グラフ1］消費支出に占める携帯電話料金　□［グラフ2］携帯電話通信料

通します。渋谷の街角で25人にアンケート調査を行っただけ、というようなものを「全国平均」などとして使うわけにはいきません（もちろん、東京の若者の実感や生の声に近いものが知りたいのであれば、渋谷のアンケート調査も参考になるでしょう）。

さて、今回は総務省統計局の調査データをきちんとチェックすることで、安倍首相が主張する、

「家計消費の中で携帯料金の支出割合は大きくなっている」
「携帯電話の料金は下がっていない」

という点について間違いないことが確認できました。

もし、データを調べた結果「携帯料金は下がっている」ということになれば、レポートの切り口はまた違ったものになります。そうであれば、「支出割合が大きくなっている」としても、「さらに料金を下げる指示を出す」ことが適切とはいえないかもしれないからです。

しかし、今回は議論の前提が事実のようだとわかったので、確認した2点を示すための簡単なグラフを作りました。それが「消費支出に占め

る携帯電話料金」と「携帯電話通信料」のグラフです。前者は、総務省の「家計調査」と「家計消費状況調査」の数値を、両方同じグラフに入れています。この調査は対象が違うものなので数字が多少異なりますが、支出割合が2002年以降増えていることに変わりはありません。後者については、総務省の消費者物価指数、品目別価格指数のうち「携帯電話通信料」を時系列に並べたものです。

POINT

データの信頼性がレポートの信頼性につながる

仮説を裏づけてくれるデータを探す

さて、ここまででわかったのは「携帯の通話料金が下がっていない、家計支出における負担が増えているのは間違いない」ということ。

では、次に何をするか？　この数字は「二人以上の勤労者世帯」全体の全国の平均値ですから、もう少し詳しいデータを調べてみましょう。総務省の同じデータは、世帯年齢別、世帯年収別、地域別で集計することも可能です。

まず予想できるのは、消費者が支払っている携帯の通信料は年齢によって違うだろうということです。

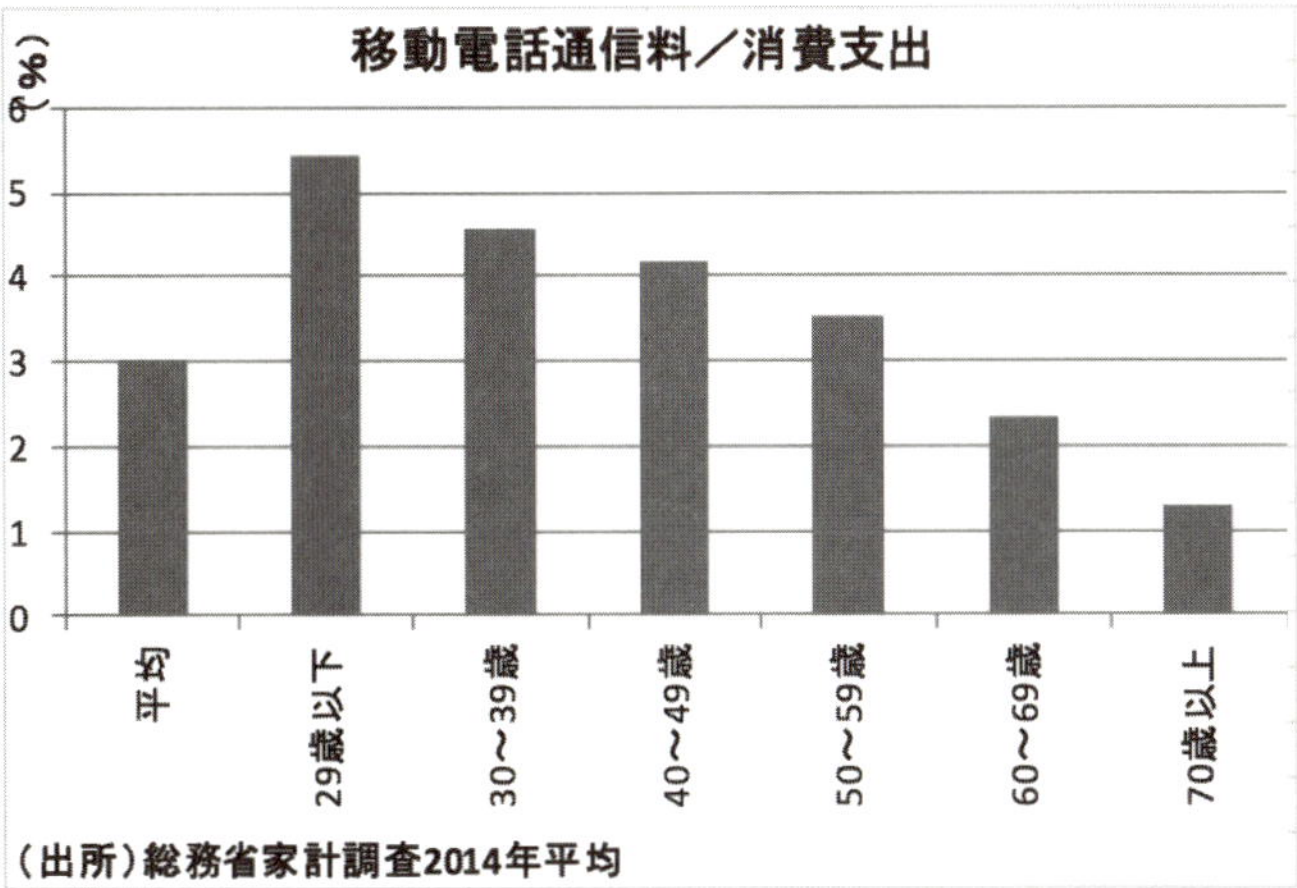

□［グラフ３］移動電話通信料/消費支出

20代、30代は高齢者層とは比べものにならないほど携帯電話の利用頻度が高いはず。つまり、この世代が家族にいると世帯の通話料は必然的に高くなります。

これを示すために、まず総務省のデータから、二人以上の世帯の「世帯主」の年齢によって携帯料金が家計に占める割合を抽出しました（グラフ3）。予想通り、世帯主が29歳以下の場合に最も比率が高く、世帯主の年齢が高くなるにつれて比率が低くなっていくことがはっきりわかります。29歳以下では5・5％ですが、世帯主が70歳以上の世帯では約1％となっています。

さらに、世帯の年収によっても違いが出るだろうと予測して、年収階層別のグラフも作ってみました（グラフ4）。すると、これはグラフを作ってみて初めてわかったのですが、必ずしも年収の多い人が携帯料金を多く支払っているわけではなく、年収500万～750万円あたりの中間層の負担が最も大きいことがわかりました。

その理由として思い当たるのは、やはり子供世代の携帯利用です。子供世代は、いくら親が制限しようとしても一度携帯電話を与えてしまったら、それこそ一日中手元から離しません。それが中間層の携帯負担を大きくしています。年収が高い世代は年齢も比較的高く、子供が独立している場合も多いため、携帯の負担があまり大きくならないということでしょう。

さらにこのデータから、「18歳未満の子供が家族にいる比率」は年収によってどの程度違うかを見ることにしました。ここまでのデータから私が推測したのは、たぶん年収の中間層で最も比率が高くなり、ある段階以降は年収が増えるにしたがって世帯内に18歳未満の子供がいる率は低くなるだろうというものです。

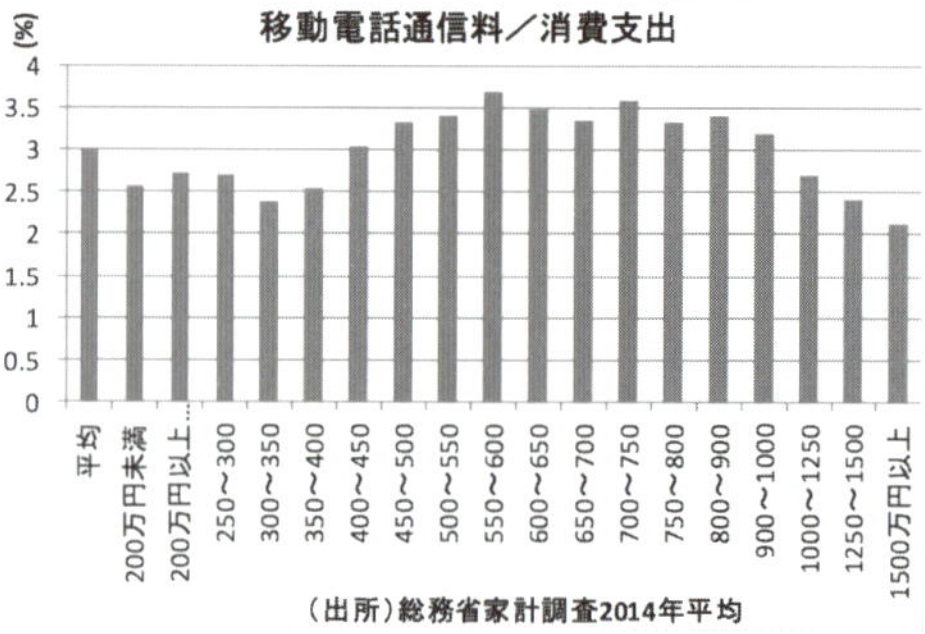

□［グラフ４］移動電話通信料/消費支出

実際にグラフにしてみると、予想通りの結果が出ました（グラフ5）。

つまり、グラフ4とこのグラフ5によって、携帯料金の負担は年収の中間層で最も大きく、その理由は携帯利用頻度の高い18歳未満の子供がいるからだといえます。

このあたりで、だいたいレポートの方向性は固まってきます。

つまり、もし携帯料金が引き下げられた場合、最も恩恵を受ける率が高いのは現在負担が大きい層です

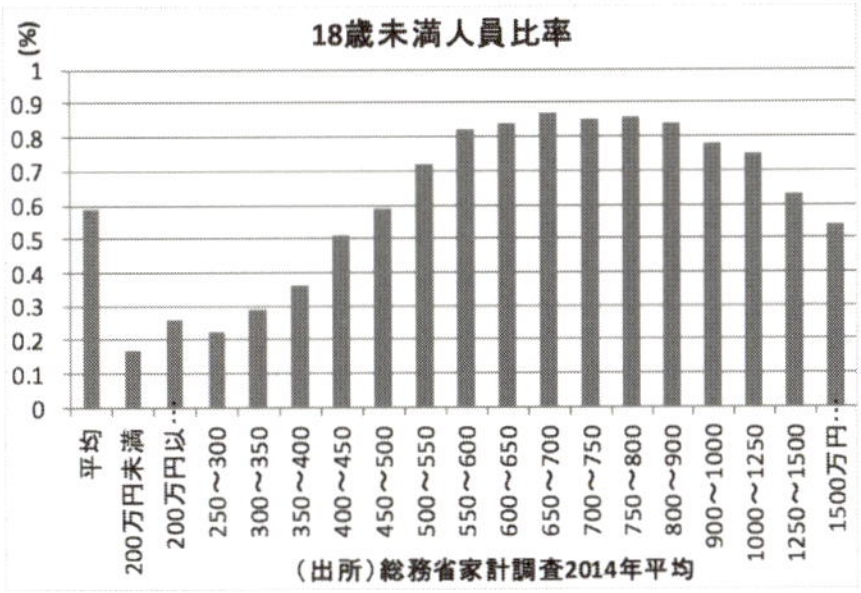

□［グラフ5］18歳未満人員比率

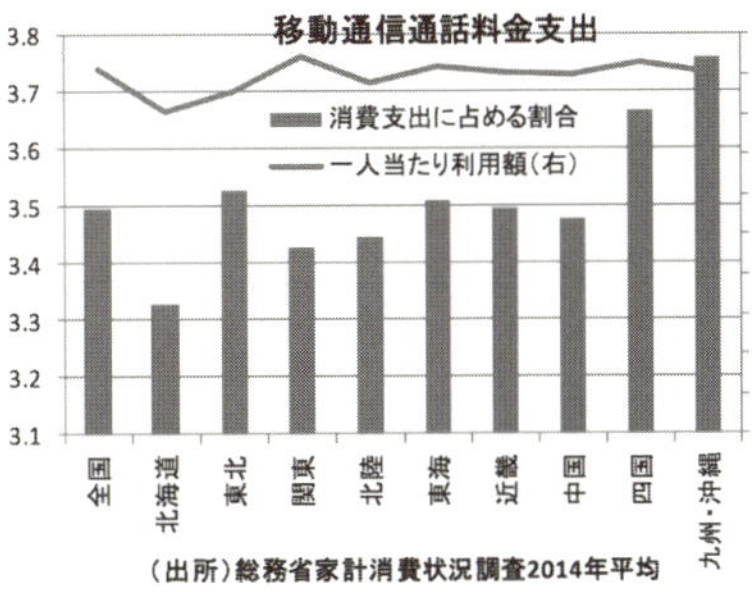

□［グラフ6］移動通信通話料金支出

から、年収中間層、つまり子供がいる世帯ということです。逆にいえば、高齢世帯への恩恵が非常に低いということです。

もうひとつ、念のために地域別のデータも調べました。こちらは総務省の家計消費状況調査を見ています。地域によって携帯料金の負担の大きさに違いがあると、料金引き下げによる恩恵にも地域差が出てしまうことになり、これは政府の政策としては避けるべきポイントです。1年の平均利用金額を世帯の平均人数で割り、一人あたりの年間利用料金を計算した数字には大きな差が出ていません（グラフ6）。消費支出に占める携帯料金の割合も3・3~3・7%の間におさまっており、地域による顕著な差はないようです。つまり、地域によって恩恵に差が出る懸念は少ないといっていいでしょう。

ここまでのデータで、携帯料金の引き下げによってどんな世帯の負担が軽減できるかが把握できました。

既存のデータを組み合わせて立証していく

家計に与える影響についてわかったら、次に考えなければならないのは国全体の経済に与える影響はどうなのか、ということです。

携帯料金の引き下げによる家計への恩恵は、国全体でどれだけの規模になるかが知りたいところです。ところが、そうした調査結果はありません。そこで知恵を絞り、日本人が一人あたり年間どのくらい携帯料金を支払っているか計算することにします。一人あたりの支払金額は、世帯平均金額を世帯平均人数で割れば求められます。年間15万円で家族が３人なら一人あたり５万円ということ。３人の中には携帯を持っている人もいない人も含まれます。それを計算すると、２０１４年に日本人は一人あたり平均４万５６００円の携帯料金を支払っていた、ということがわかりました。

携帯料金の引き下げ時期や引き下げ幅の目標などはまだ決まっていませんが、とりあえず10%の引き下げと仮定すると、引き下げ金額は約４５００円。この金額に日本の人口をかけると５８００億円ということになります。言い方を変えれば、これは同額の減税と同じ効果があるわ

携帯料金1割値下げのマクロインパクト

	実質GDP（%）	実質GDP成長率（%ポイント）	消費（%）
1年目	0.03	0.04	0.06
2年目	0.04	0.01	0.09
3年目	0.05	0.01	0.11

（出所）内閣府マクロモデル乗数をもとに筆者試算

□［表1］携帯料金1割値下げのマクロインパクト

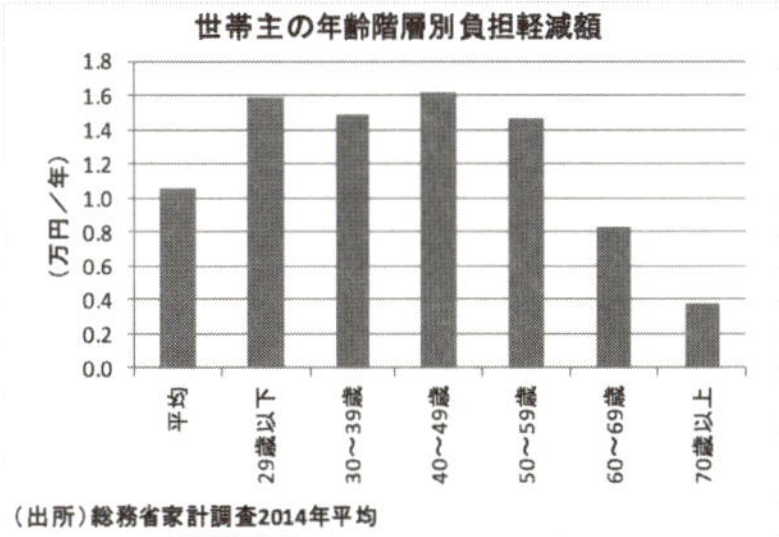

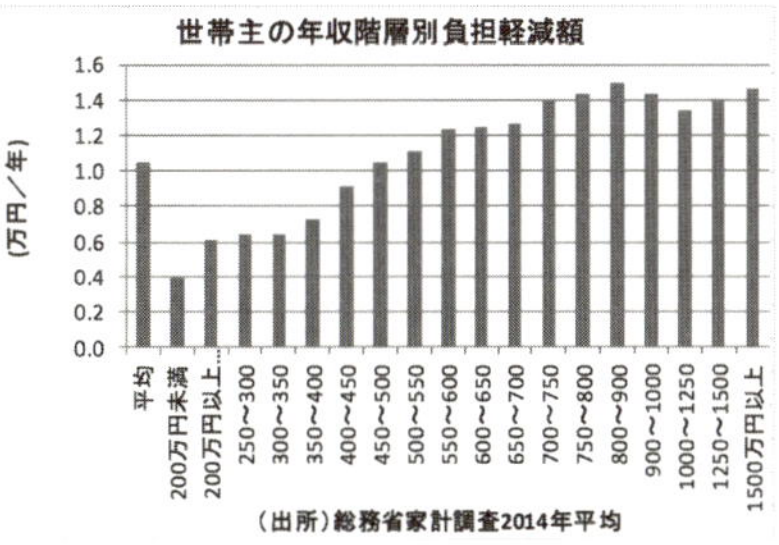

□［グラフ7］世帯主の年齢階層別負担軽減額　［グラフ8］世帯主の年収階層別負担軽減額

けです。

ここからは専門的な計算になります。

内閣府が減税効果を計算するときに使っているマクロ計量モデルの乗数があるのですが、それによって5兆円の所得減税を行った場合、ＧＤＰや個人消費にどれだけの影響が出るかが示されています。その乗数に当てはめ、5兆円を５８００億円に置きかえて計算しました。その結果が表1です。

値下げが実現すると、しなかった場合に比べて1年目のＧＤＰは０・03％増え、2年目は０・04％、3年目は０・05％増える、という結果になります。さらに、実質ＧＤＰの成長率（前年比の伸び率）、個人消費も計算しました。いずれもそれなりに国全体の経済に寄与するであろうことがわかります。

そして、10％の料金引き下げが実現した場合、どんな世帯に恩恵が出やすく、どんな世帯に恩恵が少ないのかをあらためて金額ベースで計算しました。

これは前掲したグラフ3、グラフ4の出所である、総務省の「家計支出報告の２０１４年」のデータをもとにしています。グラフ3

では携帯料金が消費全体に占める割合を世帯主の年齢によって比較し、世帯主が若い家庭の負担が大きいことを示しました。そしてグラフ4では、世帯の年収が450万～750万円の中間層において家計負担が重いことを示したわけですが、同じデータを使ってグラフ7とグラフ8では別のことがわかります。つまり、グラフ7では世帯主が29歳以下の家庭では年間1万6000円の値下げになるが、70歳以上の家庭では4000円の負担減にしかならない、ということがわかります。世帯主の年齢によって4倍もの違いが出ました。そしてグラフ8では、年収が200万円以下の低所得層において最も恩恵が低いことがわかります。

このレポートを書くにあたって私が最初に立てた仮説は、「携帯料金の引き下げはそれなりに個々の家計や国全体に恩恵を与えるだろうが、携帯を使う頻度によって恩恵にかなり差が出るはずだ」ということでした。実際にデータにあたり、必要な部分を抜き出して集計し直したり、計算し直してグラフ化したりする中で、私が立てた仮定は間違っていなかったことがはっきりしました。

レポートの3枚目までは、それについての報告です。

POINT 仮説が間違っていたら最初に戻る

分析結果を受けた「提案」を加えてまとめる

ひとまず、ここでレポートをまとめてしまうことも可能でした。

・安倍首相がいうように携帯料金はこのところ下がっていない
・家計への負担は増しているのもたしかである
・試算の結果、料金引き下げによる国家経済全体への経済効果（GDP、経済成長率、個人消費）は、一定程度、認められる
・特に携帯料金の負担が大きい若い世代と年収中間層には恩恵が顕著である
・一方で低所得者層、高齢者世帯への恩恵は非常に小さい
・一定の家計負担軽減があっても公平性が高いとはいえない

これで完成としてしまっても、立場によっては及第点のレポートです。

ただ、エコノミストという職業柄、これで終わりというのはいかにも物足りない。これではただの「報告」です。「携帯をたくさん使う人のほうが値下げはうれしいだろう」ということは、普通のビジネスマンでも想像がつきます。この程度のことであれば予測の範囲内でしょう。

引き下げ幅を10％と仮定して、マクロ経済へのインパクトを計算するのはエコノミストならではの視点と計算ではあるかもしれませんが、数字が出せなくても「少しは経済効果があるのだろう」というところまでは、ほとんどの人が予想できます。

そこで私はもう一歩分析を進め、踏み込んだ「提案」まで行いたいと考えました。

このニュースを聞いたときの私の率直な感想は、「本気で家計負担の軽減を実現したいのであれば、携帯料金の引き下げ指示などより定額給付をすればいい」というものでした。

そもそも、国から公共の電波を割り当てられているとはいえ、民間企業である携帯電話会社に指示して携帯料金を下げさせるというのは変な話です。競争原理が働いて料金が下がるような環境を整えるべきで、消費を上向きにするために携帯料金を下げるよう促すという発想自体に問題があると感じていました。しかも、家計に与える恩恵より携帯各社の業績を悪化させるリスクのほうが大きい可能性もあります。実際、このニュースが流れた直後に携帯各社の株は暴落しました。

レポートは政策を非難する調子で書いてはいませんが、携帯料金の引き下げは通信事業者の競争環境を整備して実現すべきで、家計支援策として議論すべきではないとしました。

そして最後に加えたのが私なりの「提案」です。

「家計負担軽減」を本気で目指すのであれば、携帯料金引き下げに代わる対案を出すべきだと考えたからです。前述した通り、私は公平な家計支援策には定額給付のほうがはるかに効果的だと考えています。つまり、名目GDP拡大による増収分を公平に還付するという方法です。国民全員に同額ですから、携帯料金引き下げのように世帯主の年齢や階層にかかわらず低所得世帯にも恩恵がもたらされる可能性のほうが高い。２００９年３月に一人あたり１万２０００円の定額給付金が配られた例もあり、事務作業なども大きな負担ではないはずです。一人あたり１万円の給付を１・３兆円の財源で行った場合の経済効果も計算しました。それが表２です。

国民全員に１万円ずつ給付すると、それは個人消費を１年目に０・14％押し上げる効果があると予測できます。

「携帯電話料金が１割安くなった場合、１年後の消費は０・06％増える」という先ほどの予想に対し、「国民一人あたり1万円ずつ給付した場合、1年後の消費は０・14％増える」ということです。

私はレポートのまとめとしてこの提案を記し、「将来的な消費税引き上げを確実に行いたいのであれば、公平性の高い家計負担軽減策が不可欠」としました。つまり、携帯料金の引き下げに一定の経済効果はあるが、定額給付などの公平な再分配策を検討することが必要だ、ということです。

1万円定額給付のマクロインパクト

	実質GDP（%）	実質GDP成長率（%ポイント）	消費（%）
1年目	0.08	0.09	0.14
2年目	0.10	0.02	0.20
3年目	0.12	0.02	0.24

（出所）内閣府マクロモデル乗数をもとに筆者試算

□[表2] 1万円定額給付のマクロインパクト

レポートを組み立てるには手順がある

これが、私が1本のレポートを書き終えるまでの全過程です。すべてを書いてみるとずいぶん長くなってしまいましたが、実際の作業時間は数時間程度。自分の専門分野に関する内容ですからすべてをゼロから勉強して書くわけではなく、一般の方が同じような内容のものを作成するよりは効率よく短時間で書いているつもりです。効率よくレポートを書くために、応用していただけるヒントも含まれているかもしれません。

これまで書いてきた手順を整理すると、次ページ以下のようになります。⑥でデータを探しながら⑨のグラフ作成をすることなどもありますし、テキストを書きながら追加データを探すこともあるので、完全にこの通りというわけではありませんが、おおまかな流れの参考にしてください。

[レポート作成手順]

❶ レポートのテーマを設定する

・携帯料金を値下げした場合にどんな影響が出るかを予測する

▼

❷ レポートの読者を想定する

・一般のビジネスマンの疑問にわかりやすく答えた情報を提供する

▼

❸ 締め切りを設定する

・翌週の月曜日に公開する

▼

❹ 必要な基礎データを集める

・首相発言などの根拠となったデータの確認（総務省データ）
・他のデータの収集（経済財政諮問会議の議事内容など）

▼

❺ 仮説を立てる

・携帯電話の引き下げによる一定の経済効果はあるだろう
・ただし一番恩恵を受けるのは携帯を多く使う若い世代がいる家族だろう

▼

❻ 仮説を立証するためのデータを集める

・総務省の家計調査、家計消費状況調査
・消費者物価指数

❼ 仮説を立証する

・日本経済全体への影響を計算する（GDP、経済成長率、個人消費）
・世代や年収による影響の違いを計算する（負担軽減額）

▼

❽ レポートの構成案を作る

・何をどんな順で書くか
・どのグラフを使うかを決める

▼

❾ レポートの執筆を行う

・グラフ、図表の作成　（表はエクセルで作成）
・テキストの作成
・上記をワードで、A4 用紙５枚程度にまとめる

▼

❿ ウェブサイト公開、メールマガジンとして配信する

2　章

読ませるレポートは“段取り”で9割決まる

レポートの「基本構造」はほとんど同じ

1章では私が実際に書いたレポートを例に、どんな手順でまとめていったかを詳説しました。ここからは、みなさんが報告書などさまざまな文書を書く場合のポイントをアドバイスしていきます。

レポートを書く場合に大事なのは、手を動かしてテキストを書いたり、グラフや表を作ったり、あるいはネットで資料を探したりする前に、**まず全体の構成を決めておくことが大切です。**これはそれほど複雑な作業ではありませんが、これがないと方向性の定まらない書類になりがちです。

ビジネスの現場でよくある「○○について調べてまとめてくれ」という指示に応える場合、出張や研修などの後に報告書を提出する場合、営業マンが仕事についての報告書を書く場合、いずれもレポートの一種です。広く考えれば、提案書、企画書もレポートのひとつといえるでしょう。

どの場合も構造はほとんど同じで、**「序論」「本論」「結論」でまとめていくのが基本**と考えていいでしょう。また、文章の構成でよくいわれる「起承転結」は、一般の文章、ストーリーの組み立て方の基本とされています。「起」で読者の注意や興味を喚起し、「承」でそれを受けて内容を深め、「転」で視点などを変えて発展させ、「結」でまとめるという構成です。すぐれた文章が必ずしもこの構成であるとは限りませんが、小説、映画、スピーチや講演なども自然にこうした構成になります。**ビジネス文書でも、まずは興味を持って読み始めてもらうことが大切**ですから、「起」にあたる序論は非常に重要です。「承・転」

が「本論」にあたり、「結」が「結論」ということになりますが、それぞれの内容は文書の性格によってまったく異なります。

それぞれの役割は、おおまかにいえば以下のようになります。

レポートの基本構造

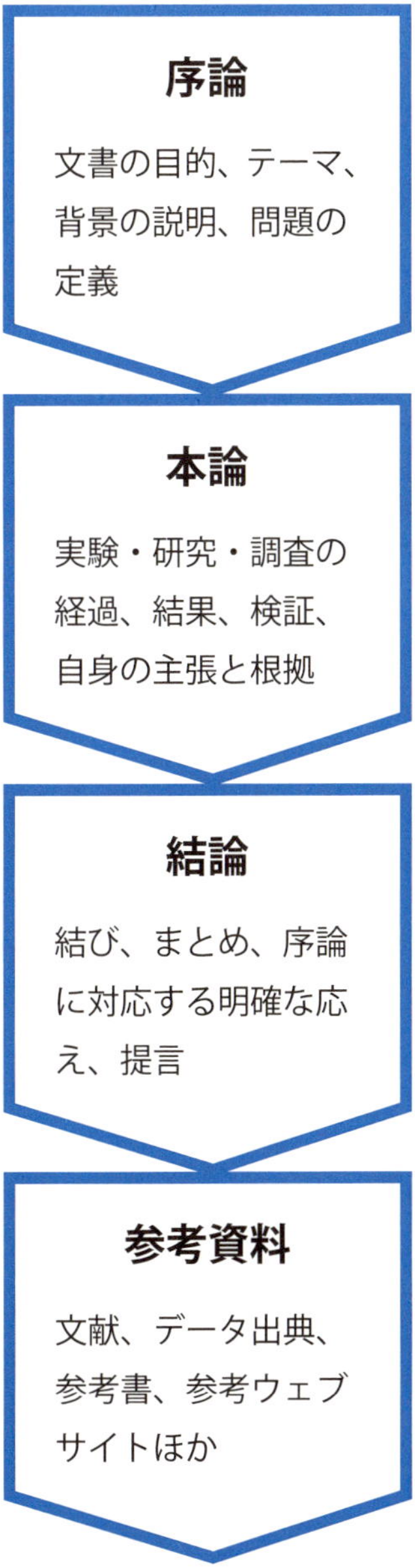
序論
文書の目的、テーマ、背景の説明、問題の定義
本論
実験・研究・調査の経過、結果、検証、自身の主張と根拠
結論
結び、まとめ、序論に対応する明確な応え、提言
参考資料
文献、データ出典、参考書、参考ウェブサイトほか

序論といっても、出張報告書や営業報告などであれば、日時、相手先とテーマ・目的を書けば十分です。

出張・視察のレポート

タイトル「A 市◯◯工場視察報告書」など
序論
目的、出張・視察日時、訪問先、面会者、同行者
本論
日程と訪問スケジュール、視察内容の概要
上記の詳しい内容
結論
出張・視察全般についての所見、結論、提言
添付資料
先方から提供された資料など

商談、打ち合わせについてのまとめ

タイトル 「◯◯導入に関する C 社様打ち合わせ」など
序論
商談、打ち合わせの日時、場所、先方氏名、当方担当者・同行者
本論
内容要旨
面談の経緯、内容の詳細
結論
所見
添付資料
必要なら打ち合わせに持参した資料

営業報告書

タイトル
「D 社様に　新製品◯◯システム導入ご提案の営業報告」など
序論
訪問日時、先方氏名・部署など、当方担当者
本論
結果要旨（導入可能性あり、困難など）
面談内容
結論
所見、今後の対応についての提案など

携帯料金引き下げのマクロ的影響
～若年層や子育て世帯の軽減効果大も、低所得高齢世帯への恩恵少ない～

1　要旨
結論Ａ～Ｃについての要約

▼

2　はじめに
レポートのテーマと目的

▼

3　本文
結論Ａ（家計への影響）の分析　※グラフ６つ
結論Ｂ（国家経済への影響）の分析　※グラフ１つ、表１つ

▼

4　まとめ
結論Ｃ　ＡとＢを受けた新たな提案（定額給付）　※表１つ

1章で紹介した私自身が書いたレポートの構成も見てみましょう。「骨組み」だけを取り出すと、上のようになります。

私は国内外の経済、景気、市場、家計などの分析や中期・長期の予測などをレポートのテーマにすることが多く、しかも経済・金融の専門家向けではなく企業などで働く一般のビジネスマンの読者も多いので、それを意識した構成になっています。

「序論・本論・結論」の基本とは少し違うように見えるかもしれませんが、大きな差はありません。

まず「要旨」には結論が先に書かれています。この部分を読むだけでもレポート全体の概要はつかめるようにしてあります。これは「エグゼクティブサマリー」のようなものです。

エグゼクティブサマリーというのは、本来は投資家に対して事業計画を説明する場合、その提案書の冒頭につける1～2枚の書類のことです。要するに、「決

裁する人（エグゼクティブ）のための概要」ということ。**エグゼクティブサマリーを読むだけでも事業の内容、利益を出す仕組み、今後の戦略や資金調達方法などがわかるように書く必要があります。**

私のレポートも経済、金融という一見とっつきにくい内容なので、どうしても多少専門的で難しそうだと感じられてしまいます。そのため、エグゼクティブサマリーは必ずつけるようにしています。いわば、「表紙」や「目次」のようなものだといえるかもしれません。

もうひとつ私が気をつけているのは、タイトルとサブタイトルです。タイトルでレポートのテーマをはっきり表明し、次の行のサブタイトルで「結論」がわかるようにしています。**たくさんの人に読んでもらうためには、とにかく「読み始めてもらう」ことが大事です。**時間のない人はタイトルとサブタイトルだけでもいい。もう少し時間がある人は「要旨」を。それを読んでもう少し詳しく知りたいと思った人には「本文」を読み進めてもらえればいいわけです。

「要旨」に続くのが「はじめに」で、このレポートのテーマ、目的が数行で簡単に書かれているだけですが「序論」にあたります。ボリュームは「本文」が一番多く、ここで結論を立証するためのデータ、分析などを図表も含めて説明しています。

最後の「結論」にあたるのが「まとめ」の部分ですが、ここには分析から導いた結論を受けて、新たな提案を行っています。

POINT 時間のない人にも読んでもらう工夫を

ビジネス文書は最初に「結論」がわかるように

こうした一見単純に見える文書でも研究論文でも構造は基本的に変わりませんが、ビジネス文書の場合、大学のレポートなどとは少し違う部分があります。

仕事で書くレポートは、「結論」を先に書いたほうがいいケースが非常に多いです。このことを肝に銘じておきましょう。前項で説明した「序論・本論・結論」、あるいは「起承転結」といった言葉にとらわれすぎると、いくら読み進めていっても「いったいこの文書・レポートは何をいいたいのか」がわからず、読み手がうんざりしてしまいます。「序論・本論・結論」「起承転結」というのは文書の基本ですが、常にこの順番に並べればいいわけではないのです。

特に、「企画書」や「提案書」などが典型例です。

たとえば、ある外食チェーンのマーケティング担当者が「S県A市への出店について」という標題・テーマのレポートを書く場合、「出店したほうがいいのか悪いのか」は先に書いたほうがいいということになります。

S県A市への出店計画について調査を行い、下記のようなことがわかったとします。

・現在S県A市の観光客はこの10年で4割増えている

・Iターン就職、他県からの移住で子供の人口も漸増している
・A市出店計画は、我が社にとって追い風の条件が多い

このような結論は本論の冒頭に書きます。大掛かりな調査結果でも同様で、結論にあたる部分をまず本文冒頭に要約し、どんな調査を行ったのかという概要を記し、そのあとに調査経緯、調査結果、調査の分析などを書くべきです。「まとめ」にあたる部分は、冒頭に書いてしまった結論と同じ文章ではなく、結論についての所見、今後への提案を盛り込めばベストです。

「調査した結果を、順を追って丁寧に説明したのだから、読めばわかってもらえるはずだ」。これは書き手の思い込みで、読むほうにとっては非常に困ったレポートです。そもそも「読んでもらえるかどうか」も怪しいものです。

忙しい相手や気が短い相手だったりしたら、間違いなく途中で「で、結論は?」と言い出すか、いきなり資料の最後のページをめくって見ることになるでしょう。

構成がレポート・提案書を書くときに大切なことはたしかですが、セオリーにとらわれすぎると読み手のニーズからかけ離れたひとりよがりなものになってしまう場合があるので注意が必要です。

レポートを書くときに最も大切なのは、「読み手」の気持ちになって書くこと。メールの場合を考えてみればわかります。大事な商談に出向き、それが終わって社内で待つ上司にメールをするとき、まず「商談が成立したのか不成立だったのか」を書くはずです。また、トラブル処理について顧客に手紙を出すの

であれば、トラブルの発生経緯や再発防止策より先に、「まず謝罪、次にすぐにできる対応」を先に書かなければなりません。何よりも、相手がそれを望んでいるからです。

レポートもまったく同じで、提出する相手が忙しい役員や気が短い上司だったら、ますます結論は先に書く必要があります。その根拠も要点を箇条書きにして、A4用紙1枚にまとめるくらいでちょうどいいでしょう。数字の根拠やデータの出所が必要になりそうな場合は別紙にまとめておいて、必要だといわれてから初めて提出する程度で十分です。

必要以上に張り切って大量のデータや図版、グラフを駆使した分厚いレポートを作成しても、そしてそこにどんな素晴らしい提案が盛り込まれていても、読んでもらえなければ意味がありません。「たくさん書いた」「頑張って書いた」というのは自己満足にすぎないのです。

結論の位置やレポートの長さは、まず相手の立場、気持ちを考えればおのずとわかるはずです。

POINT

レポートを最後まで読んでもらえると思ってはいけない

口頭で説明する場合も基本は同じ

また、「この問題について、今後の見通しを役員会で説明してほしい」というような指示を受けることがあります。こうした場合は資料を用意して限られた時間内に口頭で説明し、その後さらに説明した内容をテキストにまとめ、レポートとして提出するという手順になるでしょう。

役員クラスの人に説明する場合、与えられる時間はせいぜい15分か20分。限られた時間内でいかに伝えたいことをきちんと伝えられるかが一番大切なので、まずは説明資料を作ります。ただ、この場合の説明資料というのは「構成案」のようなもの。雑誌でいうなら、本文ではなく「タイトル」「リード」「見出し」「まとめ」など、大きな文字で書かれる部分、説明するうえで絶対に必要なグラフ、表などです。15分の説明なら、パワーポイントの文書で最大でも10枚でしょう。

私が講演会やセミナーを行う場合は、60分～90分というさらに長い時間になりますが、基本は変わりません。説明資料が数十枚にもなることはまれで、90分の講演会でも多くて15～20枚くらいでしょう。1枚あたりの説明がもう少し長くなるだけです。講演会などは役員に説明する場合などとは異なり、聞く人の注意をそらさないよう時折本論とは直接関係のないエピソードを挟みます。こうしたちょっとした横道のような部分は、もちろん説明資料には入っていません。

説明話を臨機応変に調整するので、1枚の説明資料を提示したまま話す時間も変わってきます。ただ、説明が必要な内容については、1枚の資料につき平均4分~6分程度話すことになります。

講演会などが終わった後で、自分で話した内容をまとめ直すことはあまりありませんが、講演会内容をもとに書籍化するような場合は、最初に準備したパワーポイントの説明資料が「章構成」(目次)になり、実際に話した内容が本文になり、話の中で示した図版、グラフ、表なども本文中に入れていくことになります。書籍の内容も、役員に説明した内容を自分でまとめたレポートと基本はまったく変わりません。

時間のない役員、講演会に集まってくれた聴衆、書籍を買ってくれた読者、それぞれのニーズや都合を考えれば、注意すべきポイントは自然とわかるはずです。

まずは〝読んでもらうこと〟が最優先

さて、もうひとつ私自身が書いたレポートを例に、構成について考えてみましょう。このレポートについて、小見出しだけ抜き出します。

◎要旨
◎はじめに
◎幅広い猛暑効果
◎94年並の猛暑で7－9月期の経済成長率＋0・3%押し上げる可能性
◎猛暑後のマイナス成長ジンクス
◎暖冬がさらに景気の下押し要因になる可能性も
◎04・06年並の猛暑で10－12月期の経済成長率▲0・2%押し下げる可能性
◎来春花粉飛散増で外出抑制も
◎補論

最初に紹介した「携帯料金」のレポートと同様、どこが「本論」でどこが「結論」かを示すような表記

Economic Trends

マクロ経済分析レポート

テーマ：先送りされただけの気象リスク　2015年８月３日(月)

～猛暑後のマイナス成長ジンクスに加え、暖冬・花粉飛散リスクも～

第一生命経済研究所　経済調査部
主席エコノミスト　永濱　利廣（03-5221-4531）

（要旨）

- 気象庁によると、今夏はエルニーニョ現象により曇りや雨の日が多くなるとの予測が修正され、市場関係者の間では安どの声が広まっている。
- 一般的な猛暑効果としては、飲料関連需要の高まりやビアガーデン等の盛況がある。また、コンビニをはじめとした小売業界の売上高も、猛暑効果で季節商材の動きが活発化することが期待される。外食売上高以外にも、飲料や家電向けを中心にダンボールの販売量も増加が予想され、ドリンク剤やスキンケアの売上好調により製薬関連でも猛暑は追い風となろう。乳製品やアイスクリームの好調推移が期待される乳業関連も猛暑効果は大きく、化粧品関連でも季節商材の好調が目立つ。一方、ガス関連は猛暑で需要が減り、医療用医薬品はお年寄りの通院が遠のくこと等により、猛暑がマイナスに作用する可能性がある。
- 仮に東京大阪平均の７－９月期の日照時間が平年比＋29%となった 94 年、同＋21%となった2010年並になると仮定すれば、今年７～９月期の実質家計消費のそれぞれ＋0.6兆円（＋0.9%）、＋0.4兆円（＋0.6%）拡大を通じて、実質ＧＤＰをそれぞれ0.4兆円（0.3%）、0.3兆円（0.2%）押し上げる。しかし、記録的猛暑となった94、10年とも７～９月期は大幅プラス成長を記録した後、翌10～12月期は個人消費主導で大幅マイナス成長に転じていることには注意が必要。
- 更に、エルニーニョが冬まで続けば暖冬になりやすく、季節性の高い商品の売れ行きが落ち込み、冬物商戦に悪影響を与えることが予想される。過去の関係では、今年10－12月期の平均気温が記録的暖冬となった2004年や2006年と同程度となった場合、今年10－12月期の家計消費は前年に比べて約▲0.3兆円（▲0.5%）程度押し下げられることを通じて▲0.2兆円（▲0.2%）ほど実質ＧＤＰを押し下げることになる。
- 今夏の日照時間が増加して来春の花粉飛散量が増えれば、花粉症患者を中心に外出がしにくくなることからすれば、今年の猛暑は逆に来春の個人消費を押し下げる可能性もある。

●はじめに

今夏は冷夏予測から一転して、暑い夏になっている。気象庁は６月時点ではエルニーニョ現象により、日本の夏はほぼ全国的に気温が低くなる傾向があるため、平年に比べて曇りや雨の日が多くなると予測していた。しかし、同庁は７月に入って、８月にかけて東日本などで平年と同様に晴れの日が多くなる見込みと発表した。

●幅広い猛暑効果

各業界においても、猛暑の影響が出そうだ。過去の経験によれば、猛暑で業績が左右される代表的な業界としてはエアコン関連や飲料関連がある。また、目薬や日焼け止め関連のほか、旅行や水不足

先送りされただけの気象リスク
猛暑後のマイナス成長ジンクスに加え、暖冬・花粉飛散リスクも

1　要旨
　結論A～Dの概要
2　はじめに
　このレポートの背景
3　本文
　結論Ａ　猛暑の効果によって業績好調な企業が増えるが、一部業界ではマイナス作用も
　結論Ｂ　猛暑効果は7～９月期GDPを0.2～0.3%押し上げるが、猛暑後の反動マイナス成長ジンクスに注意
　結論Ｃ　暖冬になると10～12月期GDPを０.2～０.5%押し下げる可能性
4　まとめ
　結論D　A～Cによる注意喚起と、さらに花粉大量飛散による来春にも警鐘
5　補論　実質消費関数の推計結果ほか

をせず、小見出ししか入れていません。これは4～5枚のレポートをあくまで読み物として楽しく読んでほしい、という意図もあるからです。あまり「序論」（これこれ）、「本論」（かくかくしかじか）、「結論」（したがって……）ときっちり構成を区切って書くと、読む気がしなくなります。**硬くなりがちな内容だからこそ、親しみやすく、見慣れた読み物に近い形のほうがいいのです。**

順番についてはやや変則ですが、レポートの要素は基本通りの「序論・本論・結論」が含まれ、冒頭の「要旨」の部分に4つの結論が書かれています。そこから結論にいたるまでの背景や論拠を示す本論部分が続き、最後にもうひとつの結論（注意喚起）を含む短い「まとめ」がついている、という形です。前回のレポートとは、内容はまったく異なりますが、構成には大きな違いがないことがわかるでしょう。

「視点の新鮮さ」が人を引きつける

さて、このレポートのテーマは私の得意分野です。気象と経済というのは非常に興味深い関連性を示すのですが、これを詳しく調べたのはおそらく私が初めてでしょう。昔から、「今年は暖冬で積雪が少なく、スキー場がオープンできない」とか、「冷夏でプールや海の家がガラガラだ」といったことはニュースになってきましたが、日照時間や気温などが国のＧＤＰや個人消費にどれだけの影響を与えるのかということについては、きちんと研究されていませんでした。

きっかけは数年前です。証券関連の部署にいた上司から「エルニーニョや干ばつが穀物市場と大きな関係があることは知られているが、マクロ経済への影響は誰も調べていないから、やってみてほしい」と指示されたのです。**市場関係者はもともと気候の変化に興味を持っています。**猛暑ならビール会社の株が上がるというのが典型ですが、ＧＤＰがどうなるかまで考えた人はいませんでした。むしろ、異常気象はエコノミストが予測をはずしたときの言い訳に使われることが多かったのです。

これは面白そうだと感じてさっそく調べ始めると興味深いデータがいろいろ見つかり、景気と気象の関係の深さがわかってきました。計算するには少々めんどうな数式が必要ですが、景気への影響を数値化すると一般の人にもわかりやすくなりました。そこで、折にふれてこの「気象と景気」についてレポートを書くうち、それがメディアにも取り上げられるようになり、その後テレビでコメンテーターをつとめるきっかけにもなりました。「気象とマクロ経済学」という視点は、一般の人々にとても身近なものとして歓迎してもらえたようです。

その流れの中で書いたのが8月3日のレポートですが、その約1カ月前の7月8日に以下のようなレポートを書いていました。

「今年も政策対応を左右するエルニーニョ 〜93年並の日照不足で、7〜9月期の経済成長率を▲0・7%押し下げる可能性〜」

8月3日のレポートはこれを受けたものです。エルニーニョ現象が発生すると世界的に異常気象が起こりやすくなる（起きたケースが多い）ことは一般にも知られるようになりましたが、2014年6月からこの現象が続いていたため、2015年の冷夏と長雨などが懸念されていたのです。

気象と経済の関連が非常にはっきり表れたのは2014年です。

この年、安倍首相は7〜9月期のGDP速報値を見て、消費税を8%から10%に再増税する時期を判断すると明言していました。大多数の予測では、4月の消費増税直後で大きく落ち込んだ4〜6月期の後、7〜9月期のGDPは回復するのではないかと考えられていました。ところが、フタを開けてみれば前期比0・5%減のマイナス。これによって消費増税は先送りされたのです。

2014年7〜9月期のマイナスは、気象が大きな要因でした。エルニーニョ現象に伴って起きたと考えられる冷夏、天候不順が経済成長に悪影響を与え、それによって政策判断の変更につながったということです。エルニーニョ現象はその後も続き、2015年の冷夏予報が出ていました。そこで私は最悪のケースとして、1993年に起こった過去最大の冷夏被害を例に出しながら、注意を喚起するレポートを7月に書きました。

もし日本が2015年に冷夏になった場合、経済成長率にどんな影響があるのかを試算したもので、93年並の日照不足になった場合は7~9月期の成長率が0・7%下がるという内容です。

しかし7月に入ってから気象庁は予測を修正し、2015年8月は猛暑となりました。特に7月下旬から8月上旬の暑さは激しく、東京では8月5日に連続猛暑日の記録を更新するほどでした。このレポートを発表した8月3日の東京における最高気温は35度。猛暑日は8月7日まで続きました。まさに猛暑の最中に、私は次の気象に関するこの夏二度目のレポートを書いていたわけです。

1カ月ほど前の7月に「冷夏の予報が的中した場合の経済成長率への影響」をレポートに書いたわけですから、予報が的中しなかったことがはっきりした時点で、すぐさま新たな影響をレポートに書くのが仕事です。しかも、それをいろいろな職業の人、企業に、少しでも役立ててもらいたいわけですから、できるだけ早く出す必要があります。しかも、過去のデータを調べると、「猛暑の後は反動でマイナス成長になる」というケースが多いのです。

「猛暑でよかった」「冷夏による不景気は回避できた」とひと安心ムードでしたが、「本当に安心していいのか」というレポートを書くべきだと考えました。

猛暑になってほっとした業界、儲かった業界ももちろん数多く、足元の景気は盛り上がっている、ということを検証したうえで、猛暑後の反動、暖冬になった場合の悪影響の可能性を忘れてはならない、という内容をこの時点で想定していました。

わかりにくい内容をいかにわかりやすく見せるか

猛暑の恩恵を得られる業界というとすぐに思い当たるのはビール業界、清涼飲料業界などですが、それに付随して飲料容器に貼るラベルのメーカーも潤い、缶ビールの出荷が増えればアルミメーカーも売上げを伸ばします。物流もダンボールメーカーもそうです。少し意外に思えるかもしれませんが、花粉症に関連する会社にもプラスになります。猛暑の翌年は花粉の飛散が増える傾向が強いので、これを見越してアレルギー薬、マスクなどの関連業界も売上げを伸ばします。

「猛暑の恩恵を受ける業界」という詳しいデータがそう多くあるわけではないのですが、たとえば「猛暑業界」といったキーワードで検索すればかなり見当がつきます。その見当がついたら、実際のデータにあたって確認していけばデータが確認できます。市場関係者や投資家であれば、さらに詳しい個別企業を調べればいいでしょう。

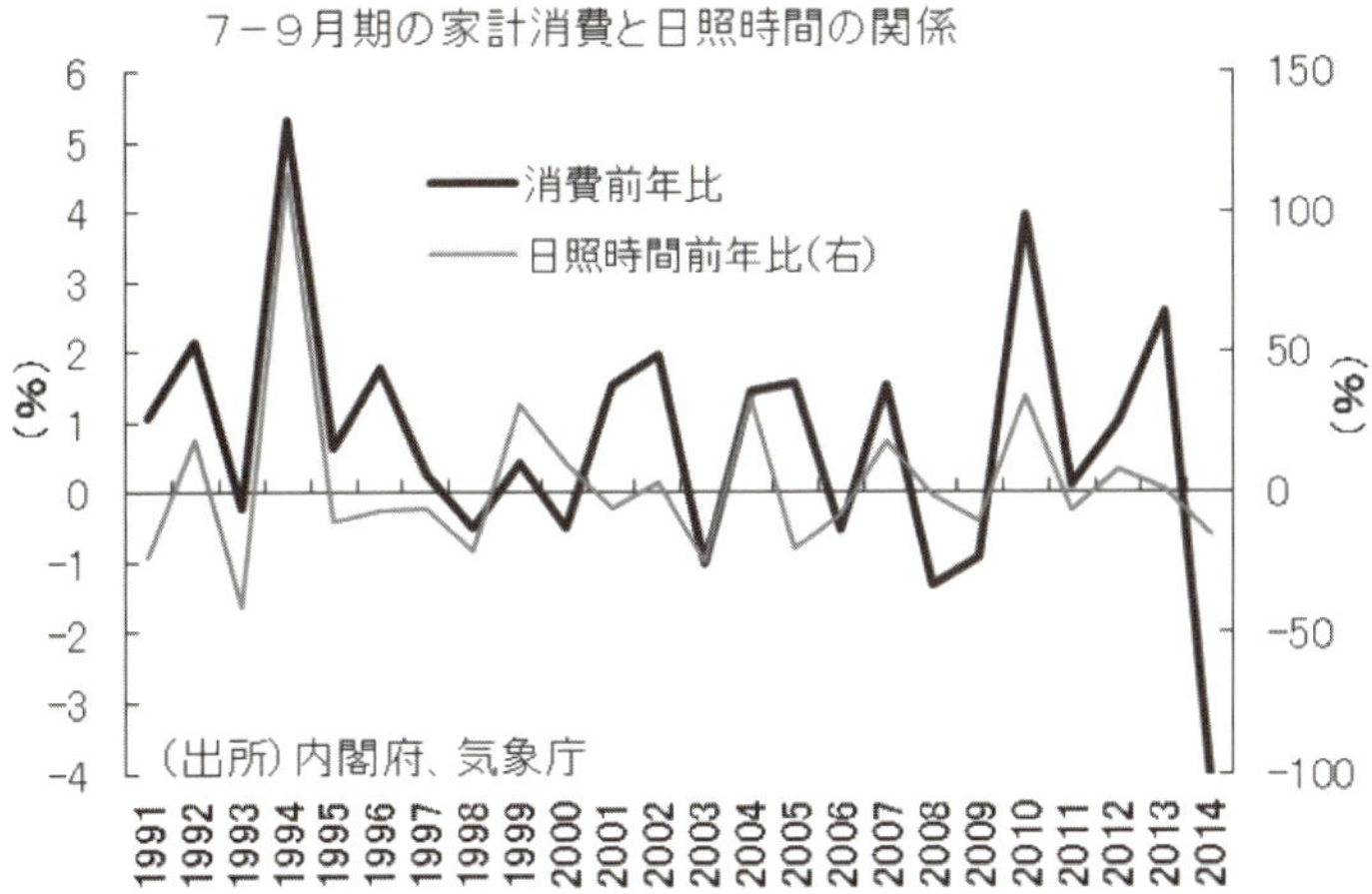

レポートに掲載したグラフにある通り、夏の日照時間と個人消費には相当深い関係があることがわかります。レポートの最初には、1991年~2014年までの前年比日照時間変化率と、7~9月の個人消費の変化率での関連を示すグラフを提示しました。これは内閣府の調査と気象庁の観測データを、同期間、同じ方法で増減を比べたものです。

グラフでわかる通り、1994年は日照時間も増え、個人消費も盛り上がっています。

ここからは計量経済学の手法を用いて、平均的日照時間と消費の関係を定量的に計算しました。日照時間が94年並だった場合、2010年並だった場合、今年のGDPはそれぞれどれくらい影響を受けるかを計算しています。

とっつきにくい数式は「補論」として載せました。研究論文ならここをしっかり本文に書くところですが、一般向けのものですから「こういう式を使って過去のデータをもとに計算しました」という説明代わりになれば十分ですから、補論にしてあります。「適当に予測しているわけではなく、一応こういう推計式があって、それで計算した結果です」といっているだけですから、めんどうなら読まなくてもかまわないし、レポートはグラフだけで十分わかるように書いています。

“話のネタ”になるような話題も提供する

さて、「猛暑の夏は消費が増える」ということがこのグラフで視覚的にもわかるわけですが、それだけではレポートとして少し面白くありません。前回のレポートで「冷夏になると消費が落ちる」と書いたわけですから、これを読んだ人なら誰でも「では、猛暑になったら消費は伸びるということだろう」と考えます。その根拠を示すだけでは、書く意味があまりない。せっかく書くのであれば、ワンポイント、読む人が「へえ、そうなのか」「それ本当？」といいたくなるような、**少し意外な視点を盛り込みたいものです。**

まずは猛暑の場合はどの程度プラスになるかを具体的に計算し、それから「猛暑の後の反動による不景気リスク」を調べることにします。最初は仮説でしたが、データをあたってみると、猛暑だった94年も2010年も7～9月期はGDPも個人消費も伸びますが、10～12月期でいずれもマイナスになっています。ここは着目しておくべきポイントでしょう。

さらにもう一点、冷夏はまぬがれて猛暑になったものの、エルニーニョの影響で暖冬になった場合についても考慮しておく必要があります。

気温が上がれば夏も冬も景気がよくなるかといえば、そうとは限りません。これには２００６年の暖冬の例があります。このときは個人消費が前年比１・５％の落ち込みを記録しました。品目別に見ると、保健医療、交通通信、教養娯楽以外がすべてマイナスです。暖冬になると外出しやすくなり交通費が増えるが、風邪や怪我で医療費も増える。教養娯楽にはパック旅行なども含まれているので増えているということでしょう。これが数少ないプラスで、ほかはマイナスです。特にダメージが大きいのは暖房器具や冬物衣類など。光熱費も下がります。

夏の日照時間、気温のほうが経済への影響は大きいのですが、冬の気象も一定程度は経済に影響を与えることがわかります。特に業界によってははっきり影響が出るものがあります。

計算してみると２０１５年の冬が暖冬になると、それが２００４年並の場合も、２００６年並の場合も実質ＧＤＰを０・２％、３０００億円程度押し下げる、という結果になりました。

冷夏ほど大きな影響ではありませんが、暖冬も経済全体への影響は油断できないということになります。花粉飛散が増えると特定の花粉関連業界は儲かるのですが、実際に全体のデータを見てみると、花粉の飛散が増えると外出を控える人が増えるため消費は減ります。

花粉と外出については、わかりやすい例があります。２００５年の「愛・地球博」（愛知万博）は、最終的には目標としていた入場者数を上回りましたが、3月25日の開幕直後は非常にお客さんの入りが悪く苦戦しました。実はこの年の春先は花粉の飛散が非常に多かったのです。前年が猛暑だったため、当初から「前年の30～40倍」とも報じられ、東京都心でも観測史上最高の、1平方㎝あたり1万個を超える多さでした。愛知でも3月5日ごろから飛び始め、最大飛散日が開幕直後の3月30日。開幕直後に外出どころではなかった人はかなり多かったはずです。

つらくて外出しない人が増えることによるマイナスインパクトは、マスクが売れたぐらいではとても補えないのです。

レポートには明確な目的が必要

気象の変動と経済にははっきりした関連があることがわかってきた以上、経済予測には気象データも組み込まれているべきです。しかし、経済の予測同様、もしかするとそれ以上に気象の長期予報は難しいものがありそうです。

実際2015年の冷夏予測は大きく外れました。新しい衛星の運用が始まった程度で長期予報の精度が劇的に上がるというわけにはいかないと思いますが、そもそもエルニーニョ現象と冷夏や暖冬の因果関係についてさえまだよくわかっていません。確率として「エルニーニョが発生した翌年は日本で冷夏、暖冬になった例が多い」ということから類推しているだけです。

とはいうものの、原因についてはさまざまな説がありますが、近年気象の変動が多くなってきていることは明らかです。

影響のインパクトも大きくなっています。異常気象自体は過去にも起きているわけですが、経済成長率が４％だったころの１９８０年代の場合なら、ＧＤＰが０・５％下がってもどうということはなかったのです。ところが、今や１％成長できるかどうかという状態のところでのマイナス０・５％は、当時とは比べものにならないくらいに影響が大きいのです。ただでさえ日本の成長力が下がっているのに、気象の振れ幅が大きくなり異常気象の確率が上がっているとなると、もう、経済と気象の関係を無視するわけにはいかないのです。

「想定外」のことが起きるのはマクロ的には非効率です。「予測」が正しく対策が早ければ、冷夏や暖冬などが実際に襲ってきても悪影響は軽減できます。

そのためにも、気象庁には長期予報の精度をさらに上げてもらいたいものです。「外れた」ことで一部の投資家が逆張り的に儲かることはあっても、全体としてはいいことがありません。

つまり気象庁にできる限り精度の高い長期予報を出してもらい、エコノミストはその予報に沿ってマクロのインパクトなどを予測し、同時に予報が外れた場合についてのインパクトも分析して公開する。それぞれの業界や企業や家庭では、その予測を参考にして早めの対策をとってもらうことが経済全体にとってもプラスになります。

「気象と景気」に関する一連のレポートは、このような状況で作成しています。

3　章

データの海に溺れないためのリサーチ術

リサーチは「目的」から出発する

職業柄、私が日常的に書くものは自分の専門である経済、金融の分野のものです。といっても、テーマや目的はさまざま。「Economic Trends」はタイムリーなテーマで一般向けの経済分析をしていますが、経営判断の材料となる資料を作成したり、地方の商工会議所などの依頼でビジネス支援や地方振興に関する講演を行うための資料を作ったりすることもあります。

読者や聴衆によって内容や切り口、専門性の高低はもちろん違ってきます。繰り返し強調した通り、文書、資料、レポートの一番のポイントは「誰のために、何のために作るのか」であり、それによってリサーチすべき内容も、切り口も、書く（あるいは話す）順番も変わってきます。

それがはっきりしないうちにリサーチを始めると、間違いなく失敗します。

みなさんも思い当たるでしょうが、上司に「○○君、A社についてちょっと調べといて」といった、あまりにもざっくりした指示を受けた場合です。そんなとき、**いきなり「A社」をネットで検索してもあまり意味はありません。**

この上司はなぜA社を調べてほしいのか、A社の何を知りたいのか、なぜ今知りたいのか、といったことを把握してからリサーチを始める必要があります。

A社を代理店契約の候補として考えているのか、買収する可能性について探っているのか、最近発表した新製品の開発の背景が知りたいのかなど、目的はいろいろ考えられます。

目的が違えば必要なデータはまったく異なります。企業としてのプロフィール、業績、業務内容といった基本情報はいずれの場合も必要かもしれませんが、もしM&Aの下調べなら財務状況については詳細な調査が必要です。しかし新製品開発の背景が知りたいのであれば、売上げ、生産体制、さらに開発者のインタビューなどのほうが目的に合うかもしれません。

どんな目的で上司が「A社について調べておいて」といったのかわからなかったから、「基本的な企業情報、業務内容のほかに、特にリサーチが必要なのはどんなことでしょうか?」とその場で質問すべきです。「そんなこともわからないのか」と叱られるかもしれませんが、わからないままレポートをまとめても、結局は「知りたいのはこういうことじゃない」といわれるだけですから。

「相手のニーズ、目的を知る」ことがリサーチの第一歩ですから、依頼者である上司の「意図」を知るところからレポート、資料作りは始まると思ってください。

質問しても「全体的にざっくり調べてくれればいい」というような答えしかなかったら、社内の同僚、場合によっては他部署も含めて「依頼の背景」をリサーチしてみるといいでしょう。「なぜ部長はA社に興味を持っているのか」が見えてくると、リサーチの方向はおのずと決まってくるからです。ただしその場合、上司は他部署にA社に興味を持っていることを知られたくない場合もあるため、調査指示があったことを吹聴するのは禁物。感触だけつかんで上司の意図を類推すべきです。

必要と思えばA社だけでなく同業数社も調べる、実際にA社の支店を客として訪問してみるといったアプローチのリサーチも有効な場合が出てくるかもしれません。
ネットや図書館で数字や白書、専門書、論文を探すばかりがデータ収集ではありません。

POINT
レポートの依頼者が何を欲しているのかを知る

情報の扱い方にプロとの差が出る

私が所属しているシンクタンクでは社内のデータベースを使うことも可能ですが、それ以外はごく一般の人と同じようにグーグルで目指すデータを検索し、毎朝通勤電車の車内で新聞を1面から読み、中吊り広告で気になる雑誌の記事を探し、自宅ではテレビのニュースも見るという日常です。ネットの速報ニュースにもよく目を通しますし、「News Picks」という経済情報を集めたスマホアプリにコメントすることもあります。

ひと昔前は、データの検索、入手には所属する企業や組織によってかなり格差がありましたが、誰でもインターネット、検索エンジンを使えるようになった現在、かつては専門図書館や業界団体の資料室にでも行かなければ知り得なかったデータに、スマホからでもアクセスできます。

政府の統計資料や官公庁の資料なども、以前は本当に閲覧がめんどうでした。しかし最近は情報公開が進み、政府や上場企業の重要文書はもちろん、民間の調査や大学・研究機関の論文などが、パソコン１台あれば瞬時に入手できる時代になっています。

しかし、**誰でもさまざまな情報に簡単にアクセスできるようになったがゆえに、どのデータにどういうアプローチでアクセスし、選択するかはより難しくなっているともいえます。**ひと昔前なら「政府の発表資料を入手して整理した」くらいで感心してもらえたかもしれませんが、現在ではそれだけなら小学生でも簡単にできます。

情報に対するリテラシーの高さが非常に大切な時代になったのです。

ひとつのキーワードを入れただけで、グーグルは調べきれないほどのウェブサイトを羅列してくれます。その検索結果を上位から順に見ていっても時間が無駄になるだけです。検索結果が大量に出てくるということは、誰でも同じように検索したからで、みんなが知っている情報、ということでもあります。では、下位のものならいいのかといえば、そんなことをしていたら何日かかっても検索結果を読みきれないでしょう。**自分自身の羅針盤がないと、結局は検索の海で難破してしまいます。**

誰でもたやすく大量のデータにアクセスできるようになったからこそ、精度の高いデータをなるべく速く見つける力が求められるのです。

POINT

情報を選別する力が求められている

「検索力」は今や必須のスキル

最初の対策は検索エンジンの機能をきちんと使いこなすことです。通常のウェブ検索だけでもキーワードを重ねて絞り込めば最適なデータに行きつくこともありますが、**仕事で検索エンジンを使うなら、ウェブ検索、画像検索だけではなく、ニュース検索や期間指定での検索ができることなども知っておきましょう。**もっと効率がよくなるはずです。

たとえば「最近テレビのニュースで見かけた」「新聞で見出しだけ読んだ」というようなことを調べたいなら、「ニュース検索」を使うと効率はかなり上がります。

また、1章でも例に挙げましたが、「安倍首相が携帯料金値下げについて指示した」という報道に関連して、この何年かの携帯料金について調べたいと考えたのなら、キーワードは「携帯料金」だけでなく「安倍首相　携帯料金」または「携帯料金　引き下げ　ニュース」などで検索します。

同じキーワードでも、通常のウェブ検索ではなく「ニュース検索」を利用した場合、「画像検索」を利用する場合と、「期間指定」をして「1週間以内」にした場合では、それぞれの検索結果は、まったく違ってきます。

「ニュース検索」は、検索対象がテレビ・新聞などのメディア、ニュースサイトに限定されます。このニュースに関する「最新の動き」を知りたいなら、期間指定で「1週間以内」などにしてみてください。すると、このニュースに関するジャーナリストや専門家の論評、安倍首相の指示に対する賛否、携帯各社の対応、総務省の動きなどが出てきます。

検索方法は本人のクセや好みもあるので、どれが正解とは言い切れませんが、少なくともふたつ、できれば3つのキーワードで検索するのが鉄則です。

検索エンジンのアルゴリズムはそれぞれ特色があるため、どういう調べ方をすれば何が検索結果上位に表示されるかという公式はありません。これは自分でさまざまな事項を検索して、自分なりの近道を探すのが一番です。

POINT
検索エンジンで自分なりの近道を探そう

ウィキペディアは「資料」ではない

ビジネス文書を作成する際に、調査対象がまったく未知に近い場合には、検索エンジンでとりあえず該当の単語を入れて、概要を下見するしかありません。私も同じようにします。

国内でまったく知識のない場所を訪れる場合も、まず地名だけで検索してウィキペディアをざっと読み、県や市町村の公式サイトに目を通すところから始めます。ご存じの通り、ウィキペディアは無料で世界中の人が編集を続けるオンライン百科事典ですが、**知らない分野の概要だけすぐ知りたい場合には非常に役立ちます。**最近はかなり精度も上がり、最新情報が常に更新されているようです。政治的、思想的な項目については、編集合戦になっているようなケースもありますが、一般的な項目についてはほぼ信頼できる内容が載っています。

とはいえ、レポートに「ウィキペディア」をコピペするようなことをしたら、学生のレポートでも落第します。ウィキペディアはあくまでも概要や関連項目などを知る手がかりにのみ使うべきで、間違ってもそのままプリントして、参考資料として添付したりしてはいけません。

必ず一次情報にさかのぼって確認する

レポートを書く場合、自分が調査した数字、自分の意見以外はすべて「出所」や「出典」を明らかにする必要があります。他人の見解を紹介するのなら、「いつどこで、誰がどんな媒体で明らかにしたものなのか」を明記する必要があります。書籍や雑誌のインタビューならば「引用」であることを明記して、掲載された雑誌、書籍名、発売年月日、出版社なども記す必要があります。**特に、統計データに関するもの**

は掲載されていた新聞や雑誌名、ブログ名やサイト名などではなく、調査を行った機関・団体名を明記しなければなりません。

グラフや表などのグラフィックについては、政府発表の統計を使って作成したものであっても、新聞社や出版社、個人に著作権がある場合がほとんどですから、そのままグラフなどの画像をコピーして資料に貼り付けるのは基本的にNGです。内部的に閲覧するだけであれば許されるケースもありますが、公表するもの、商用目的については一切できないと考えてください。

レポートで数字を扱う場合、とにかくできる限り「一次情報」にあたることが鉄則です。たとえば新聞に「9月の消費者物価指数は前年同月比0・1%のマイナスとなった」という見出しの記事があっても、これは二次情報にすぎません。この数字は新聞社が調査したものではなく、総務省が調査した「消費者物価指数」をもとにしたものだからです。本文には、通常「総務省の調査によれば」「総務省が昨日発表した資料によると」などと書かれています。

自身が書くレポートで9月の消費者物価について触れたいときは、場合によってはまず一次情報である政府統計を自分の目で見て、記事そのものに間違いがないかどうか、別の見方はできないかどうかを検討する必要もあります。

要人や個人の発言にも一次情報がある

一般的なニュースの読み方についても、一応心得ておくべきことがあります。通常の報道の場合は出典を「○月○日の○○新聞によれば」などとして問題ありませんが、ネットには「昨日の○○新聞にこれこれの記事が出ていたが、それについて自分はこう思う」といった意見を述べるサイトが大量にあります。専門家から素人までさまざまなケースがありますが、いずれの場合でも、いくらブログに書かれていることでもそれを鵜呑みにせず、出典元にあたる必要があります。

ブログの著者は新聞記事のうちで自分に都合のいい部分だけ引用している場合もありますし、勘違いしている可能性もあるからです。

新聞、テレビのニュースも、何らかのバイアスがかかっている場合があることは忘れてはなりません。記者会見でも会議でも、メディアが報道するのはそのほんの一部。面白いところやセンセーショナルなところだけが報道される場合も多いです。こうしたものについて取り上げる場合は、できるだけ会議の議事録や記者会見の中継動画などを検索して、全体に目を通してください。政府関係の会議はすべて議事録が作成され、参加者が用意した資料などもほとんどが公開されています。ですから、報道で取り上げられた発言がどんな経緯で出てきたものなのか、そこを検証すると新聞のコピーを添付するより価値のあるレポートになります。

官庁は情報を出すのも仕事のひとつ

政府関連の統計資料は私もよく利用しますが、初めて見る人にとってはなかなか手ごわいと感じるかもしれません。多くのデータはPDFとエクセルファイルで用意されており、大変充実した調査結果が無料で見られます。使わない手はないのですが、あまりにもデータが多すぎ、しかも慣れないと説明が堅苦しく感じるかもしれません。

たとえば、日本の貿易収支を過去10年分知りたいとします。そのとき、いきなり「政府統計の総合窓口(e-Stat)のトップページで「貿易収支」と検索しても、なかなか見つかりません。それよりも、検索エンジンで「貿易収支　過去」「貿易収支　推移」といったキーワードで検索してみましょう。すると、「時事ドットコム・グラフィック」のサイトがトップに上がっています。そのページを見てみると、「2004年度～最新の貿易収支推移」がすでにグラフになって載っています。しかも、記事を読むと貿易収支は財務省が発表する「貿易統計」で発表されることもわかります。そこで、再び検索エンジンで「財務省　貿易統計」と検索すれば、かなり一次データに近づきます。

調べてもどうしてもわからない場合は、役所に問い合わせるという手もあります。いきなり財務省に電話をかけて「2004～2015年の貿易収支はどのくらいですか」と聞いても教えてくれないでしょうが、「財務省の貿易統計のウェブサイトを見ていますが、貿易収支の推移はどの表に載っているでしょう」

という質問なら教えてくれる場合が多いはずです。

統計局のサイトには、「消費者物価指数」「家計調査」など、調査ごとに担当部署名と直通の問い合わせ電話番号、メールアドレスなどの記載があり、表の見方についての質問に応じてくれます。

「白書」は使えるオフィシャルデータの宝庫

資料、レポートを要領よくまとめたいとき、ぜひ活用したいのが各種の白書です。白書の一覧は内閣府、首相官邸などにリンク集があります。「政府　白書　一覧」と検索すればすぐに見つかるので、どんな白書があるのか見ておいてください。各省庁合わせて36の白書があります。警察庁は「警察白書」、外務省は「外交白書」、国交省は「国土交通白書」「土地白書」「首都圏白書」「観光白書」といった具合です。

白書は一次データとほぼ同等に扱うことができます。たとえば先ほどの「貿易収支」は、経済産業省の「通商白書」に載っています。どの白書に「貿易収支」が載っているかわからなければ、検索エンジンで「貿易収支　白書」と入力して調べれば「通商白書」が最初に出てくるはずです。

実際、「通商白書」の冒頭に１９７９〜２０１４年までの貿易収支推移の表が出てきます。グラフも作成されていますが、これは財務省の「貿易統計」から経産省が作成したもの。親切なことにこのグラフの

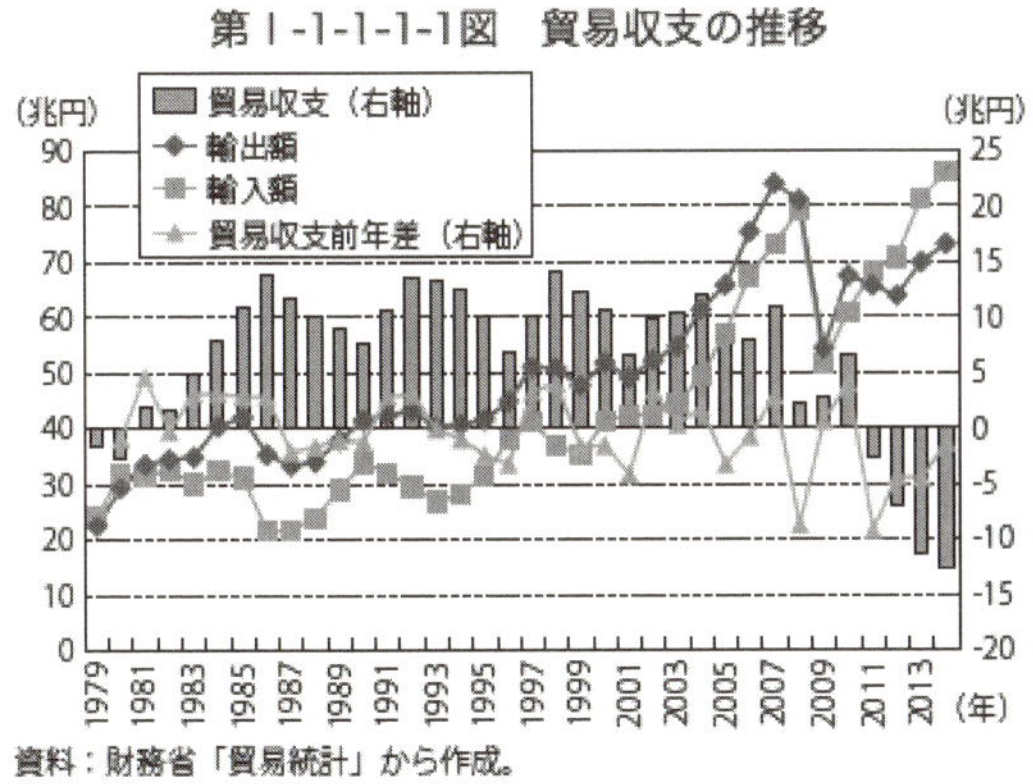

□経産省が作成した「貿易収支の推移」

エクセルファイルまで用意されているので、自分の資料に使うためのグラフをここから作成することもできます。

これはオンライン版の白書の利用法ですが、書籍にもなっています。大型書店や電子書籍でも手に入るし、図書館にもそろっているのでぜひ利用しましょう。白書は各省庁の優秀なスタッフが毎年力を入れて作成しているものですから正確で分析もしっかりしています。レポートとしても大変よくできているので、ビジネスレポート、報告書、資料作成のお手本として使える部分も多くあります。少し長いですが、だいたい「概要版」がついているので、このあたりをまず見てみましょう。

ものにもよりますが、白書は読み物としても面白いものがある。環境省の「環境・循環型社会・生物多様性白書」は写真や図も多く、「ものづくり白書」「防衛白書」「水産白書」なども仕事を忘れて楽しめます。

POINT

統計資料や白書は上手に利用しよう

誰でもすぐ利用できるデータサイト

★政府の統計を調べたい

総務省統計局
http://www.stat.go.jp
日本の統計の中核機関。統計に関する情報が非常に盛りだくさん。国勢調査、人口推計、家計調査、労働力調査、住宅・土地統計調査、消費者物価指数ほかお馴染みの統計が

e-Stat（総務省統計局）
https://www.e-stat.go.jp
政府統計のポータルサイト。統計データ、地図・図表など大量のデータにアクセス可能。グラフなどはそのまま作成中の資料に使えるものもある。

白書、年次報告書等（e-Gov）
http://www.e-gov.go.jp/link/white_papers.html
中央省庁で発行している白書へのリンク集。市販されているが、すべてそれぞれのリンク先からPDF版をダウンロードすることができる。書店にない場合は、全国官報販売協同組合へ。
https://www.gov-book.or.jp/book/field.php?field_id=10

時事ドットコム・グラフィック図解（時事通信社）
http://www.jiji.com/jc/graphics
政治、経済、社会、国際、スポーツの分野の主な項目について、グラフや図解で説明したサイト。主な経済指標については最新版までの推移などもグラフ化されている。事件の経緯、事件の仕組み、組織図、ロードマップなど、さまざまなグラフィックが掲載されており、自分で資料を作る場合にも参考になる。一次データを加工するときの「お手本」に。

気象庁
http://www.jma.go.jp/jma/menu/menureport.html
気象、地球環境・気候、海洋、地震・津波・火山などの分野について国内だけではなく、地球規模のデータ、各種の資料、および各種レポートがアップされている。最新のものから、観測開始以来の過去データも。

世界経済のネタ帳
http://ecodb.net
約200カ国の経済関連データ、推移、ランキングなどが充実したサイト。「グラフの生成ツール」もオンライン上に用意されており、項目、地域名、国名、期間を指定すると自動的にグラフが表示される。ありがたいことにグラフは画像出力も可能で、そのまま著作権フリーの画像として、社内外の書類に貼り付けて使うことも可能。

★商工業の全体の情報を知りたい

商業統計調査（経済産業省）
http://www.meti.go.jp/statistics/tyo/syougyo/
商業を営む事業所を、業種別、従業者規模別、地域別等に事業所数、従業者数、年間商品販売額等に把握して商業の実態を明らかにし、商業に関する施策の基礎資料を得ることを目的とした調査。小売・卸売別、規模別、地域別など詳細調査で、事業所数、従業員数、販売額ほかがわかる。

工業統計調査　（経済産業省）
http://www.meti.go.jp/statistics/tyo/kougyo/

生産動態統計
http://www.meti.go.jp/statistics/tyo/seidou/
上記のふたつは製造業に関する詳細調査。いずれも工業実態をとらえ、産業政策や中小企業政策立案のための基礎資料。経済白書、中小企業白書などの基礎データでもある。

サービス産業動向調査　（総務省）
http://www.stat.go.jp/data/mssi/
サービス産業全体の生産・雇用等の動向を把握し、GDPほか各種経済指標の精度向上、サービス産業に係る政策の企画立案などに役立てるために平成20年7月から毎月実施している調査。ほかに特定サービス産業実態調査、特定サービス産業動向調査も。

★海外ビジネス全般について知りたい

ジェトロ（JETRO・日本貿易振興機構）
https://www.jetro.go.jp
海外のビジネス情報の宝庫。国別、目的別、産業別の検索が可能で、各種の調査レポート、マーケティング情報も非常に豊富。輸出入、海外進出などの検討資料としては欠かせない情報源。

ジャイカ（JAICA・国際協力機構）
http://www.jica.go.jp
技術協力、有償資金協力（円借款）、無償資金協などの ODA（政府開発援助）の実施機関。「事業・プロジェクト」「各国における取り組み」「ニュース」などの中から、リサーチしたい分野、地域のものを中心に読んでいくと、現地の状況が非常に具体的にまとまっている。

世界の統計
http://www.stat.go.jp/data/sekai/notes.htm
総務省統計局発行。国際比較の観点から国際機関の提供している統計データを出典資料とし、世界各国の人口，経済，社会，環境といった分野のデータを抽出して約 150 の統計表にまとめたもの。上記から PDF をダウンロードすることもできる。

★業界情報についてざっくり知りたい

FIDELI 業種ナビ（オウンドメディア株式会社）
http://industry.fideli.com
簡単に特定の業界について知りたい場合に非常に便利。400 業種の概要がコンパクトにまとまっている。業界団体へのリンクも

業界ナビ（リクルート）
https://job.rikunabi.com/2016/contents/industry/
就活用のサイトだが、まったく未知の業界を調べる場合の足がかりとして便利。

『会社四季報業界地図』（東洋経済新報社）
毎年１回発行の書籍。書店､ネットで購入可能。類書に「日経業界地図」（日本経済新聞社）など多数。業界の概要、規模、シェアなどがわかりやすくまとめられている。

Yahoo! ファイナンス
http://finance.yahoo.co.jp
マーケット関連情報を網羅。個別企業の基本情報から決算情報まで。為替や株価ほか内外の経済・金融関連ニュースも。

EDINET（金融庁）
http://disclosure.edinet-fsa.go.jp
有価証券報告書などの開示システムで、四半期報告書、半期報告書、親会社等状況報告書などの開示書類を無料で閲覧可能。

有料、会員制のデータベースを使いこなす

ビジネスの資料でリサーチする機会が多い項目というと、以下のようなものでしょう。

◎経営者・政治家など人物について
◎企業について
◎特定の商品、サービスについて
◎特定の業界・市場について
◎特定の国内外の地域について

私も切り口は金融や経済ですが、ほとんど知識のない場所や商品、業界について調べることがよくあります。「まったく知らない業界」「知識がほとんどゼロの国」「聞いたこともないサービス」などについて調べる必要に迫られたら、やはり入り口はネット検索です。**ここでも検索エンジンに頼りたくなるのですが、まず「概要」だけわかったら、目的に応じて専門的なデータベースを使うことをおすすめします。**

ほとんどが有料で、企業で契約する必要があるものも多いのですが、個人でも利用できるもの、図書館などから無料で利用できるケースもあるのでそれぞれについて確認してみてください。

データベース（有料）

★総合的なビジネスデータベース

日経テレコン（日本経済新聞社）
http://telecom.nikkei.co.jp
新聞、雑誌 500 紙誌の記事、人物、企業、業界、市場情報など非常に盛りだくさんのコンテンツが含まれる総合データベース。企業・個人事業主での契約が可能ですべて有料だが、短期間個人で利用できるコースも。利用できる機能·コンテンツは限定されるが、1 週間 2800 円から。また楽天証券、丸三証券に証券取引口座を持っていると、投資情報収集のための顧客サービスとして日経テレコンが無料で使える（条件については各証券会社に問い合わせてください）。

G-serch（株式会社ジー・サーチ）
http://db.g-search.or.jp
総合ビジネスデータベース。企業情報、新聞·雑誌記事、地図·不動産データ、マーケティング情報、人物情報、法律・特許・技術情報を網羅する。帝国データバンクほかの信用情報も検索可。

SPEEDA（株式会社ユーザベース）
http://www.uzabase.com/speeda/
世界 180 カ国の企業の財務、株価データ、550 以上の業界動向のほか、統計データ、経済ニュースなどの経済情報を専属アナリストが分析したレポートつきで提供。1 週間無料トライアル可。

★人物の情報

日経 WHO'S WHO（日本経済新聞社）
http://t21.nikkei.co.jp/public/guide/pr/price/whs.html
日経テレコンのコンテンツのひとつである人事データベース。全国の上場および有力未上場企業 2 万社の役員、執行役員、部長、次課長約 28 万件、官庁、政府機関、経済・業界団体、都道府県・市の幹部職員、国会議員・県議会議員ほかのプロフィール。

職員録（国立印刷局）
http://www.npb.go.jp/ja/books/hourei_shokuin.html
衆・参議院事務局、各行政機関、裁判所、都道府県等の人事担当が原稿を作成し、立法、行政、司法の機関、独立行政法人、国立大学法人、特殊法人等、都道府県・市町村等の事項（役職・氏名）を収録したもの

商工リサーチ経営者情報（東京商工リサーチ）
http://db.g-search.or.jp/comp/QTSK.html
G-serch、日経テレコンなどに含まれており、東京商工リサーチが保有する全国約142万件の企業経営者（代表者）の履歴や連絡先等豊富な情報を収録しています。氏名、勤務地、出身地などで検索が可。

D-VISION　NET（ダイヤモンド社）
https://www.d-vision.ne.jp
人事、組織、企業情報のデータベース。役員·管理職情報、組織図、「週刊ダイヤモンド」の記事情報、帝国データバンクによる企業情報なども提供する。

★企業情報を詳しく知りたい

会社四季報オンライン（東洋経済新報社）
https://shikiho.jp
会社情報、投資情報の老舗。書籍版は書店でも手軽に購入でき、オンライン版は1カ月1080円からさまざまなプランがあるので会社情報を頻繁に調べる人は必携。未上場会社版もあり。

日経会社情報（日本経済新聞社）
http://www.nikkei.com/markets/company/
「会社四季報」と並ぶ上場企業情報データベース。書籍版が販売されているほか、ウェブ版の基本的なデータは無料で利用できるが、全機能を使うには日経電子版の登録が必要。

COSMOS NET（帝国データバンク）
http://www.tdb.co.jp/lineup/cnet/index.html
帝国データバンクの会員制データベース。信用情報、T、DB景気動向調査など。同社ウェブサイトで、倒産速報、一部調査レポートは無料。「帝国データバンク会社年鑑」は、図書館などで閲覧可。

tsr-van2（東京商工リサーチ）
http://www.tsr-net.co.jp/service/product/tsr_van2/index.html
東京商工リサーチの会員データベースサービスで信用情報を提供。ウェブサイトから無料でアクセスできるビジネス情報「データを読む」は更新頻度も多い。「東商信用録」は図書館などで閲覧可。

図書館はリサーチの強力な味方

ネットがあれば図書館などにいかなくてもいいのではないか、と感じるかもしれませんが、**図書館は過不足なく資料をセレクトしているうえ、ある程度の信頼性も担保されています。**紙の資料の一覧性は、ネットにはない利点です。しかも、司書に質問するとリサーチ方法についてアドバイスしてくれるので、手がかりのない調査を始めるような場合はまず図書館で相談するのはいい方法です。

しかも、東京都立中央図書館などであれば「日経テレコン21」など、30以上のデータベースを利用することができます。プリントアウトは有料ですが、使用は基本的に無料なのも非常にありがたいサービスです。大阪府立図書館もほぼ同様のサービスを提供しています。

集めたデータを捨てる勇気

ここまで、さまざまなデータの所在や収集方法を説明してきましたが、まとめるときになってデータを捨てられず、全部詰め込んでしまうのは最悪です。必要なことだけリサーチしてデータを入手し、それを

★東京都立図書館、大阪府立図書館で利用できるオンラインデータベース

日経テレコン21（日本経済新聞社）
日経４紙、企業情報３万社、人事情報19万人収録から検索、プリントアウト可能。

Mpac（富士グローバル・ネットワーク）
マーケティング情報。約1,500品目の市場調査データやコンビニPOSデータ、官公庁統計を収録。

eol（プロネクサス）
総合企業情報データベース。1984年以降の有価証券報告書を収録。非上場企業の有価証券報告書も収録。売上高等の項目でランキング表示が可能。

ELNET ELDB（エレクトロニック・ライブラリー）
全国新聞、雑誌記事データベース。専門誌、地方紙も。記事原文はPDFで表示

マガジンプラス（日外アソシエーツ）
主要雑誌記事検索と抄録。学会年報、研究報告、一般誌、総合誌、ビジネス誌も

WHO PLUS（日外アソシエーツ）
歴史上の人物から現在活躍中の人物まで、外国人を含む60万人以上を横断検索できる人物情報データベース

Web OYA-bunko（大宅壮一文庫）
大宅壮一文庫の雑誌記事検索ウェブ版。1988年以降が検索可能。87年以前データも100万件収録。雑誌の内容は大宅文庫に出向きコピーする必要がある。

配置するだけでレポートが完成するのが理想ですが、なかなかそうはいきません。

苦労して調べたデータでも、文書の目的に即して取捨選択し、ダブったもの、不要なもの、古いデータはすべて捨てていく必要があります。ところが、**自分が調べたデータというのは、なかなか捨てにくいのもの。**「せっかく調べたのだから」「こんなに苦労したことをわかってほしい」と考え、調べたことを全部レポートに書いてしまうのです。

私にもそういう時期がありました。調査における脇道や寄り道の過程もレポートに全部盛り込んでいたのです。しかし、「Aを調べようと思ったらよく似たBを見つけたので念のため調べてみたが、結局Aとは関係なかった」などという寄り道の経緯は、読み手にとってはほとんど意味がありません。むしろ、「A」というレポートのテーマがどんどんぼやけてしまいます。

一生懸命に時間をかけて調べたところは書きたいし、

伝えたいし、わかってもらいたい。でも、**本人が書きたいところと、相手が読みたいことは、違うことが多いのです。**いったん調べたものを捨てることはなかなか難しいですが、「読み手」の気持ちになれば何が不要で何が必要かはすぐにわかります。客観的な視点を忘れないことがレポート上手になるコツです。

結論に自信がないレポートほど長くなる

内容や結論に自信が持てないときも、レポートは長くなりがちです。自信があるときは、提案書でもレポートでも、本当にシンプルに短くまとめることができます。

あまり自信がないときは、本論に直接関係のない参考データや、調べてはみたもののあまり役に立たなかったようなデータまで大量に入れてしまうのです。調査、視察、研究などであまりいい結果が出なかった、調査もはかどらなかったとき、それをなんとかレポートで補おう、内容が濃いものに見せたい、という意識がはたらくのでしょう。そういう場合、結論は最後に数行だけ、あいまいに書いてあることが多いようです。

別のタイプとして**「レポートは長いほうが評価が高くなる」、または「努力を認めてもらいたい」と思い込んでいる場合もレポートは長くなります。**本当はレポートを書くことより日常の活動、調査や研究、自体のほうが大切で、そこから何を得たかが問題なのに「レポートを書くこと」そのものを仕事だと思ってしまうのです。そうするとレポートを書いているだけで満足してしまいます。

その結果「誰に読んでもらいたいのか」「自分の調査や分析、経験の何を伝えたいのか」「どのように役立ててほしいのか」が抜け落ちて、「レポートのためのレポート」になってしまうのです

また、**難解な専門知識を盛り込みすぎた「自己満足レポート」も敬遠されます。**私も大学時代は専門的な数式だらけのレポート、社会人になってからも理系の強みを活かしたデータ分析を前面に押し出したレポートを書いていました。そのほうが「いいレポート」になると思ったからです。

実際、こうしたレポートは役所関連の方たちからも好評で、「白書の参考にさせてもらいます」といわれたりすることもありました。しかし、一般企業、一般の人が私たちに求めるのは、誰が見てもわかりやすく、結論が明快なものです。

経済用語の意味はきちんと知っておく

経済指標をうまく使いこなせるようになると、レポートや提案書の説得力が増します。といっても、乗数分析や消費関数などの難解なマクロ経済学について勉強する必要はありません。ニュースなどにもよく登場する「GDP」「経済成長率」「消費者物価指数」などがどんなものなのか、景気がよくなるとどの数字が増えるのか、何がどのくらい減ったら不景気の信号なのか、といったことをおおまかに知っておくだけで十分です。

まず基本中の基本がGDPです。GDPとは国民総生産のことだというのはご存じでしょうが、要するに**国内で生産されたサービス、商品の付加価値の総額**ということです。簡単にいえば、「日本人が日本で働いて儲けた総額」です。たとえば、100円で輸入した原材料を国内でA社が加工して製品としてB店に250円で卸し、B店は500円で販売したとします。A社は150円の儲け、B店は250円の儲け、合わせて400円がこの場合のGDPです。日本に原料を輸出した海外の会社の100円は、日本のGDPにはならないわけです。

つまり輸入業者、加工業者、問屋、小売店、それぞれが儲かるほど、日本のGDPは大きくなっていくということです。給料も上がる、雇用も増える、設備投資も増える、という状態になるわけです。国全体だけでなく、都道府県別のGDPも算出されており、これは「県民経済計算」という調査で、東京都、大阪府、愛知県が上位を占めています。

もうひとつ知っておいたほうがいいのが「名目ＧＤＰ」と「実質ＧＤＰ」。名目ＧＤＰは生産量と価格変動が含まれたもので、実質ＧＤＰは価格変動がない場合。**市場での取引価格に基づいた値が「名目値」で、物価の上昇・下落分を取り除いたものを「実質値」としています。**

昨年の名目ＧＤＰが10兆円、今年11兆円なら、「名目ＧＤＰで見た経済成長率は10％の伸び」ですが、昨年から今年にかけて物価が10％上昇していた場合、これを差し引くと実質ＧＤＰで見た経済成長率は０％ということになります。

経済成長率は、通常このインフレ・デフレの要因を取り除いた「実質ＧＤＰ」で見ます。

POINT よく知らない経済用語をむやみに使わない

経済成長率で大事なのは〝伸び率の変化〟

ＧＤＰが「伸びている」といっても、単に「前年に比べて金額がいくら増えた」というより、**どれだけの変化率で伸びているのか、その伸びは加速しているのか、伸びているけれど減速ぎみなのか、ということが「経済成長率」を見ることによってわかります。**

たとえば中国経済とインド経済を最新の成長率の数字だけで比べるとインドより中国のほうが高いのですが、中国の経済成長率の変化を見ると、減速していることがひと目でわかります。つまり、10年間着実に5％ずつ成長している国と、現在は前年比5％だが数年前の成長率は10％だった国とは大きく状況が異なります。前者は今後も伸びていくでしょうし、後者の成長は鈍化して来年には成長率も逆転するだろうと予想がつきます。ビジネスで地域や国についてリサーチを始める場合、まずＧＤＰや経済成長率を調べて、自分が知っている国や地域と比較してみることをおすすめします。

また、一人あたりＧＤＰも新規事業の進出先を検討する場合に役立ちます。**一人あたりＧＤＰが低い地域、国家というのは、成長のキャッチアップの余地が大きいということでもあり、今後経済的に伸びていく可能性が高いともいえます。**

先の例でいうと、インドと中国のどちらが今後経済的に発展していくかは、一人あたりＧＤＰの規模と推移を見ればある程度わかります。ＧＤＰの規模が大きいのは中国ですが、中国もインドもＧＤＰは増加していること、しかし中国の成長率は鈍化しており（中国は前年比＋4％、インドは前年比＋11％）、インドの一人あたりＧＤＰは中国よりはるかに低い（中国80位、インド１４５位）ことからも、今後の経済発展が望めるのは中国よりもインドであることがわかるというわけです。

こうした視点は経済の専門家ではなくても日々の仕事に役立ちます。地域や国家のリサーチの基礎として覚えておくと便利です。

POINT

“データの声”に耳を傾ける

人口関連の統計を見れば経済も見える

私がデータで重要視することが多いのが「人口」です。総人口、さまざまな内訳、その推移などの人口関連データは必須です。特に、ある地域の労働力がどれだけあるかという、15歳〜65歳未満の「生産年齢人口」は重要な指標です。総人口が多くても、65歳以上の比率が非常に高い場合もあります。これは総務省の「労働力調査」でわかります。日本の総人口については同じく総務省が行う国勢調査をもとに算出した「人口推計」が正式な総人口となり、平成27年５月１日現在の確定値で日本の総人口は

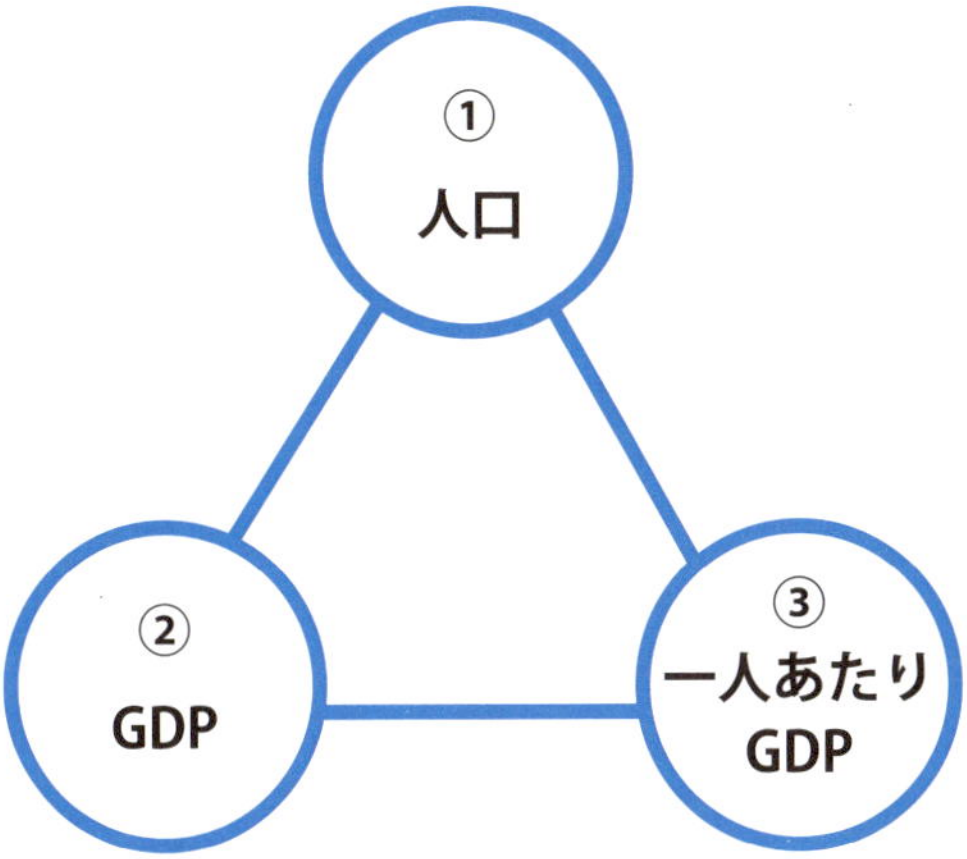

□地域・国家の経済を判断する場合に必須の統計

1億2690万4000人。10月1日現在の概算値は1億2689万人となっています。時系列データも統計局のサイトから閲覧できます。なお厚生労働省の「人口動態調査」(※1)では日本の年齢別構成(人口ピラミッド)出生率、死亡数・死亡率などの詳細がわかります。

人口関連でもうひとつ大切なのが人口ボーナス期。総人口に占める生産年齢人口の割合が上昇する期間のことで、これが急激な経済成長の加速と重なることが多いため、これを「人口ボーナス期」と呼びます。戦後日本の高度成長期以降(1950年〜1980年代)がこれにあたります。

人口ボーナス期は、将来有望な市場を検討する場合には非常に大切です。進出検討中の国が人口ボーナス期にあたっている場合、この面では非常に有望と考えられます。逆に、人口の絶対数の減少や人口構成の変化が経済にとってマイナスに作用することを「人口オーナス期」と呼びます。これからの日本は、まさにこの状態にあります。

人口については国連の「世界人口見通し(WWP)」が基

(※1) 厚生労働省「人口動態調査」http://www.mhlw.go.jp/toukei/list/81-1.html

礎データです。これは総務省統計局の「統計データ」の中に「世界の統計」としても掲載されているので、資料に利用するならこちらがおすすめです。（※２）

さまざまなレポートに使えるふたつの経済報告

各省庁はそれぞれのサイクルで速報値、確定値、推計値などとして次々に経済指標を発表します。そして内閣府は**「月例経済報告」**でＧＤＰ、個人消費、民間設備投資、住宅建設、公共投資、輸出入収支、企業収益・業況判断、雇用情勢、物価などを「主要経済指標」としてまとめています。

過去から現在までの推移、海外経済についてもコンパクトにまとまっており、「主要経済指標の国際比較」では、人口、名目ＧＤＰ、一人あたりＧＤＰ、実質ＧＤＰ成長率、鉱工業生産、失業率、消費者物価が２枚の表にまとめられています。前項で紹介した人口やＧＤＰ、一人あたりＧＤＰも国ごとに一覧できるので使わない手はありません。必要な数字だけ抜き出してグラフ化するときにも便利です。

もうひとつのおすすめは日銀の「経済・物価情勢の展望（展望レポート）」。全部で90ページほどですが、後半50～60ページはほとんど１ページに２、３点のグラフか表が入っているもので、前半の30～40ページがテキストです。テキスト部分は日銀による最新国内経済の分析です。パターンは毎回同じようなものな

（※２）総務省統計局「世界の統計」http://www.stat.go.jp/data/sekai/0116.htm

ので、読む時間もあまりかかりません。国内の金融・経済の概要を知るには最適です。最新情報が簡単に読めるという点では大変便利な材料です。いずれも出所を明記すれば引用、転載、コピーも可能。専門家向けと思われがちですが、一般の人こそぜひ活用してほしい資料です。

□内閣府「月例経済報告」
http://www5.cao.go.jp/keizai3/getsurei/getsurei-index.html

□日本銀行「経済・物価情勢の展望（展望レポート）」
http://www.boj.or.jp/mopo/outlook/index.htm/

4 章

説得力が
格段に上がる
グラフ・表組みのルール

グラフや表組みに時間をかけすぎない

図版や表はレポートをわかりやすくするために重要な役割を果たしますが、不要なものまで入れると肝心の内容がどんどんわかりにくくなります。**図表が多く入っているとしっかり調査をしたように見える気がして、つい多く入れてしまいがちです。**

また、図や表のグラフィックに必要以上に凝ると無駄に時間がかかってしまいます。いくらカラフルなグラフや3Dの矢印を入れても、内容的にはあまり意味がありません。図版は1ページにあまり詰め込みすぎないように心がけ、通常は2～3点。最大でも5～6点に抑えましょう。

また、図版には必ず「タイトル」をつけること。「このグラフで何を示しているのか」が端的にわかるようにするためです。たとえば「長期金利、インフレ率、潜在成長率の関係」「労働参加率　楽観シナリオと悲観シナリオ」「10～12月の家計消費と気温の関係」などです。グラフに使ったデータの「出所」は必ず明記し、一次データそのままならば「総務省　家計調査より」「財務省　貿易統計より」などとします。またそこから独自に計算、予測したものならば「～を元に予測」「～と～から作成」の表記を入れると、レポートの信頼性はグンと高まります。

グラフ同様、テキストも極力わかりやすく、シンプルにしましょう。文芸作品ではないので、ひとつの文は長くなりすぎないように、論理的に論旨を積み重ねて書いていきます。不要に叙情的な言葉、不明確な表現、あいまいな語尾は使わないようにしましょう。

たとえば、「いえなくもない」「であるとも考えられる」「といってもいいのではないだろうか」などの**中途半端な語尾は、読みにくいうえに自信のなさを読み手に感じさせます。**提案書などで、「ではないだろうか」などの語尾も多用するのは避けましょう。

長いレポートの場合は章を分けることも必要ですが、たとえばＡ４用紙に4、5枚のものなら「小見出し」を使いましょう。内容が変わる箇所できちんと段落分けをして見出しをつけると、とても読みやすくなります。

「Economic Trends」シリーズはＡ４の大きさに横組みで書いていますが、1行あたり45文字、本文のフォントは明朝系、小見出しや要旨は太めのゴシックを使っています。

POINT
〝どっちつかずな表現〟はレポートの信頼感をそこなう

同じ種類のものを比較する

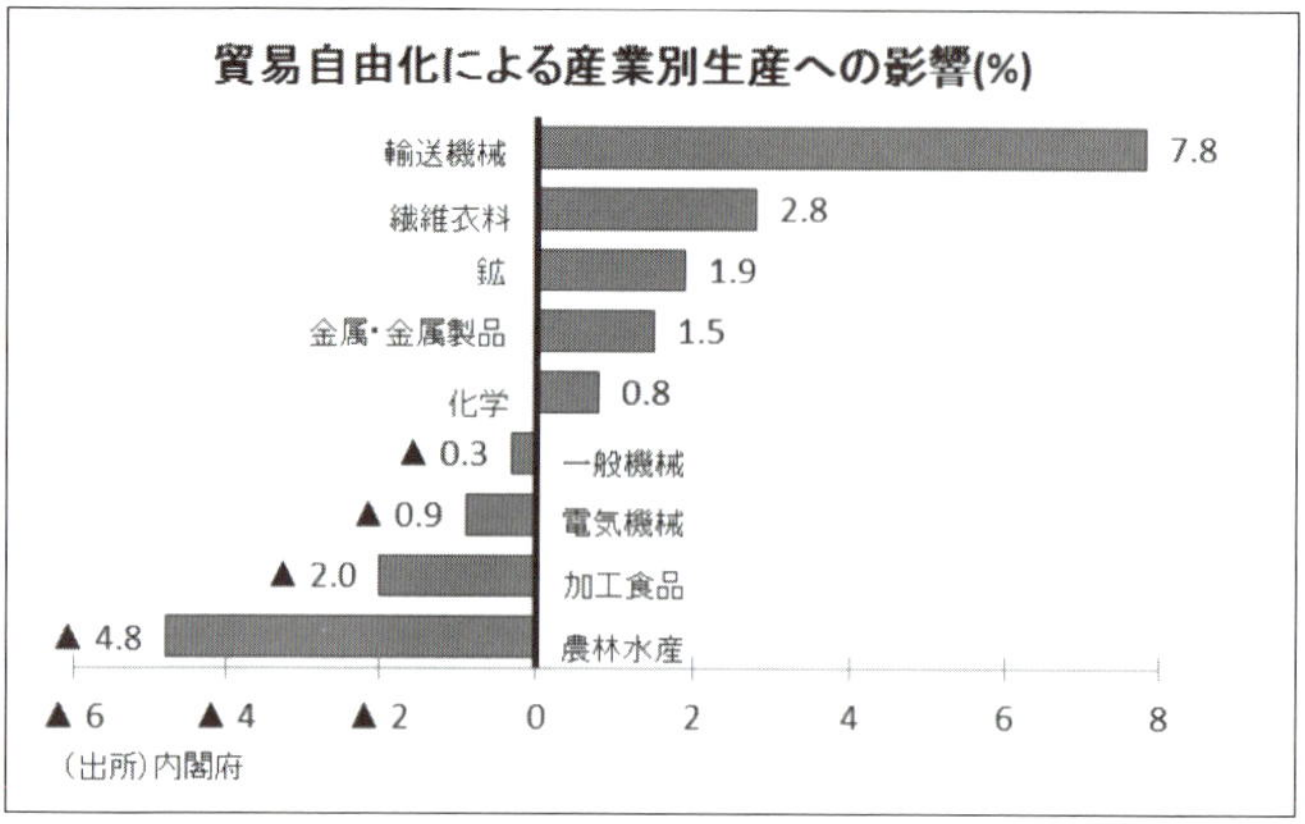

□貿易自由化による産業別生産への影響

ここからは、グラフや表を作るときに私が心がけているポイントを簡単に紹介します。

成長率を業種別に比較するグラフです。**同じ種類のものをまったく別々の項目で比較する場合は棒グラフが定石**ですが、成長率は正数と負数があります。要するに、プラスかマイナスかは非常に大きなポイントですから、それがはっきりわかるようなグラフにする必要があります。

表を作る場合は私もエクセルを利用しています。エクセルには必要な箇所をグラフ化する際に使える「おすすめグラフ」という機能もあるので、簡単なものなら自分で細かく設定しなくてもほぼ自動的にグラフができ上がります。大変便利な機能ですが、多少カスタマイズする必要もあります。

たとえば、ある表を「おすすめグラフ」のまま作図すると、ふたつの「おすすめ」が出てきます。

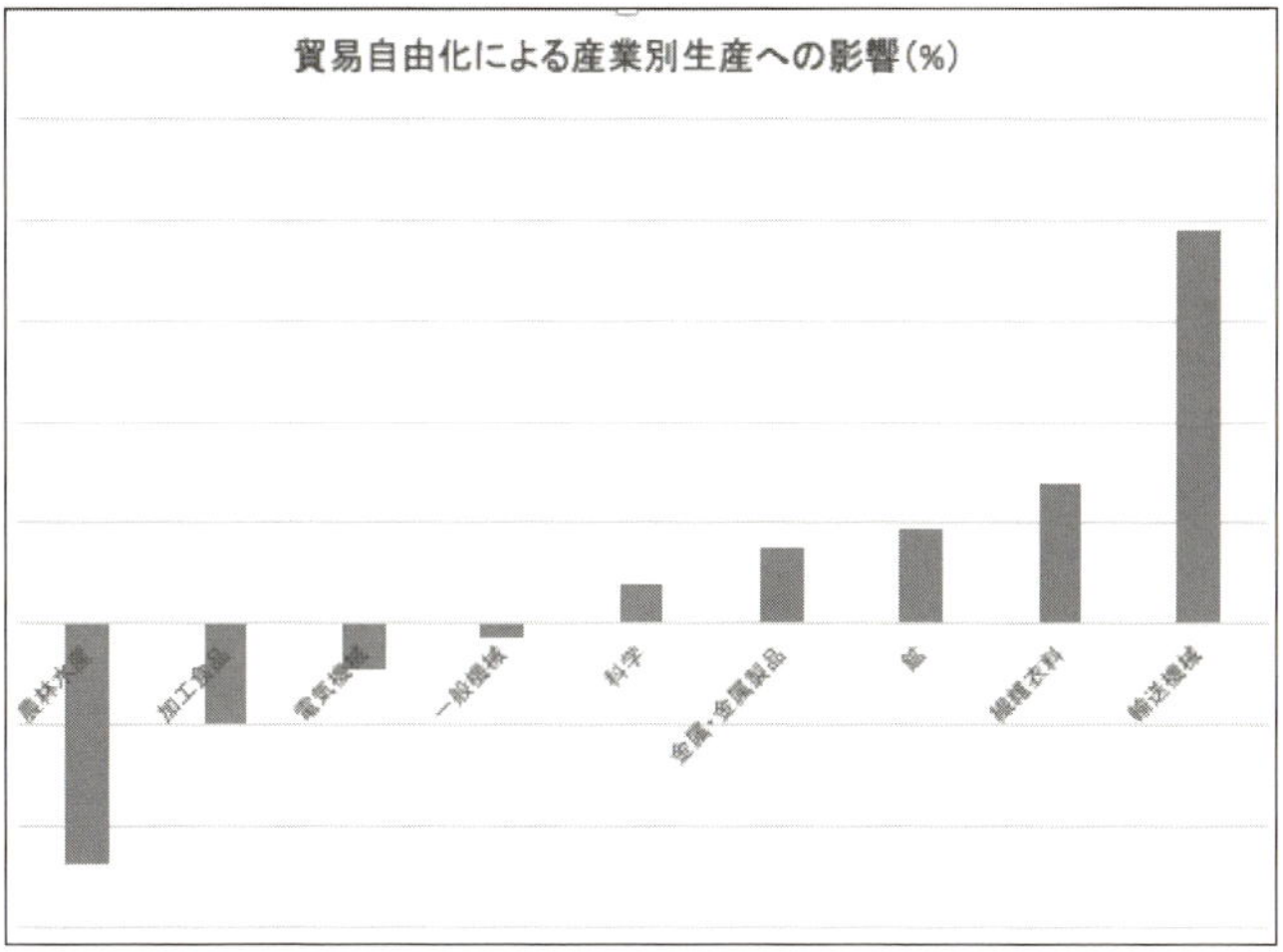

□エクセルの「おすすめグラフ」で作ったグラフ例1

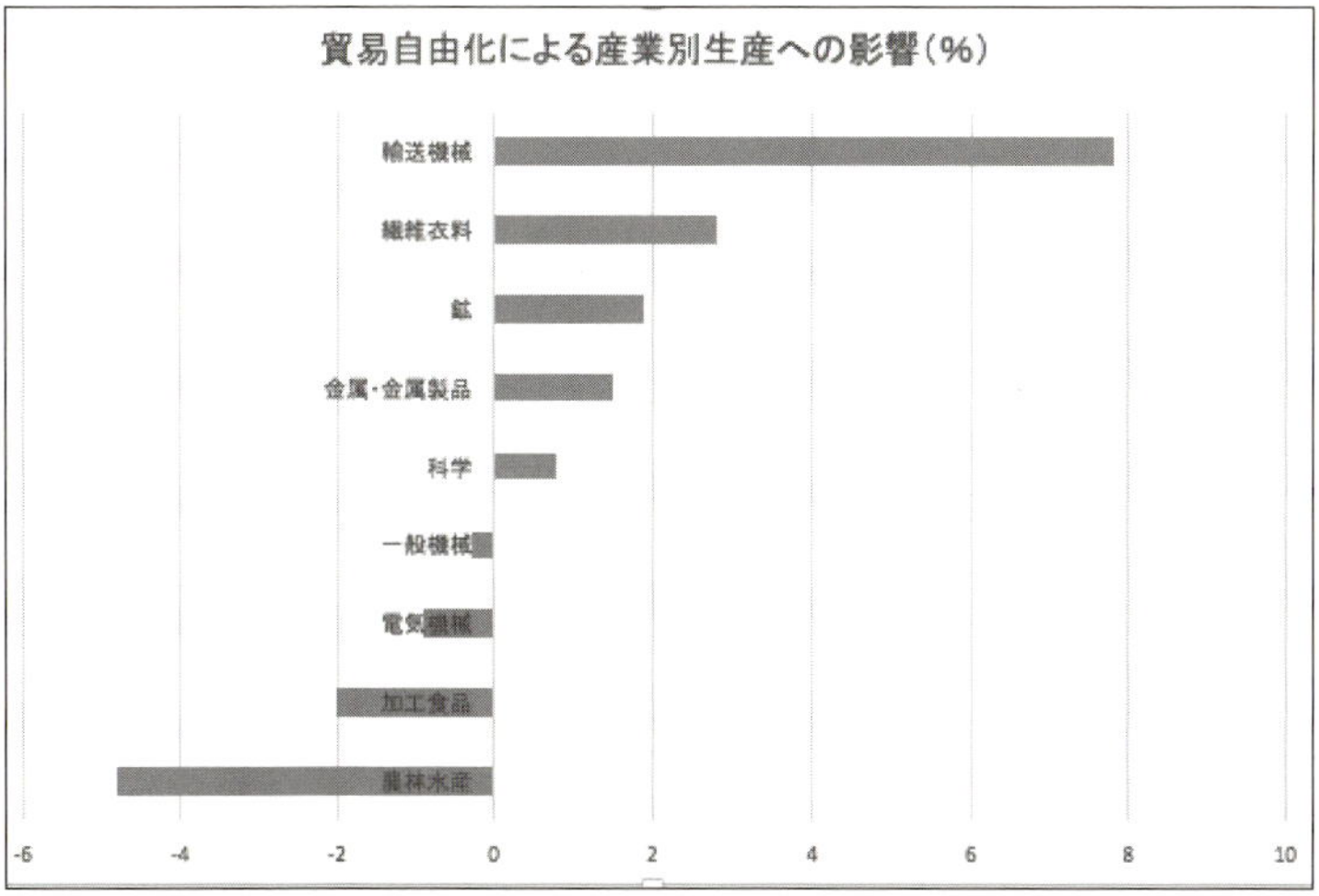

□エクセルの「おすすめグラフ」で作ったグラフ例2

縦組みのものと横組のものですが、私のレポートはワードで作成し横組のテキストの中に組み込むので、**目の動きにしたがって見ることができる横組のグラフを選びました。**

目の動きが上から下なので、成長率の比較グラフは「上から数字が大きい順」のほうが見やすいでしょう。

グラフの種類だけでなく、こうした点も見る人の立場に立って配慮すべきです。

折れ線グラフ　ある要素の推移を時間経過で表す

これは円建て原油先物価格のグラフで、**推移を示すためのものなので折れ線グラフが最適です。**左軸で1バレルあたりのドル建て価格、右軸で円建ての価格を表示しています。

ひとつのグラフに数種類の折れ線が表示されることもよくありますが、線が多すぎてしかも互いにあちこちで交差するようなグラフだとかえってわかりにくくなります。線ごとに色を変えたり破線、点線、実線を使い分けたりしても、特にモノクロでコピーされる文書だとほとんど見分けがつかないので要注意です。線の種類は3、4種類までにしましょう。

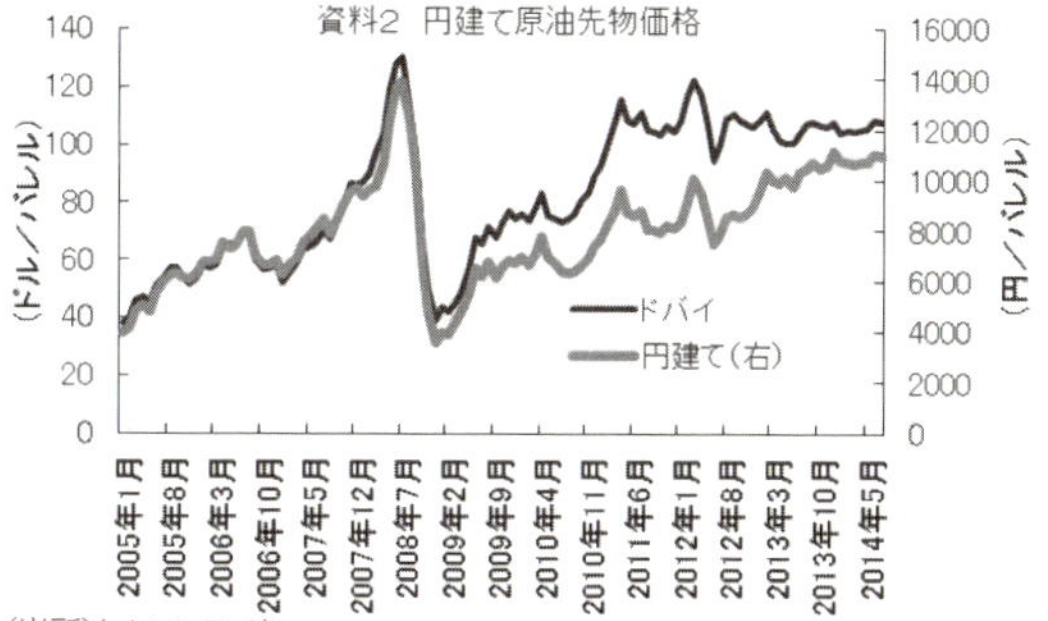

(出所)トムソンロイター

棒グラフ＋折れ線グラフ

ふたつの要素を時系列で比較し推移を見る

棒グラフと折れ線グラフを併用したほうがいい場合もあります。

「携帯電話の使用料金と支出に占める割合」のグラフを見てください。約10年間の使用料金の推移と、割

	2005	2006	2007	2008	2009	2010	2012	2013	2014
移動電話使用料	28314	31967	33398	34297	35814	37121	38370	39667	40519
総支出における割合	2.0%	2.2%	2.3%	2.4%	2.5%	2.6%	2.7%	2.8%	3.0%

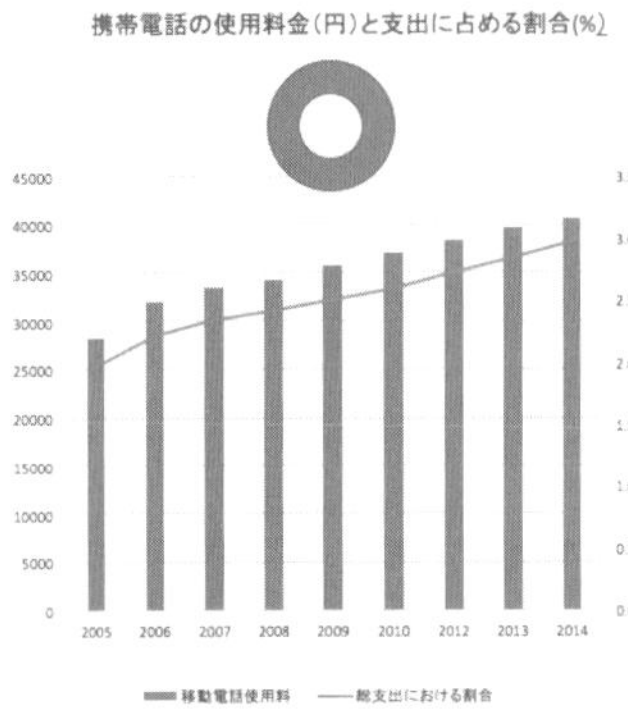

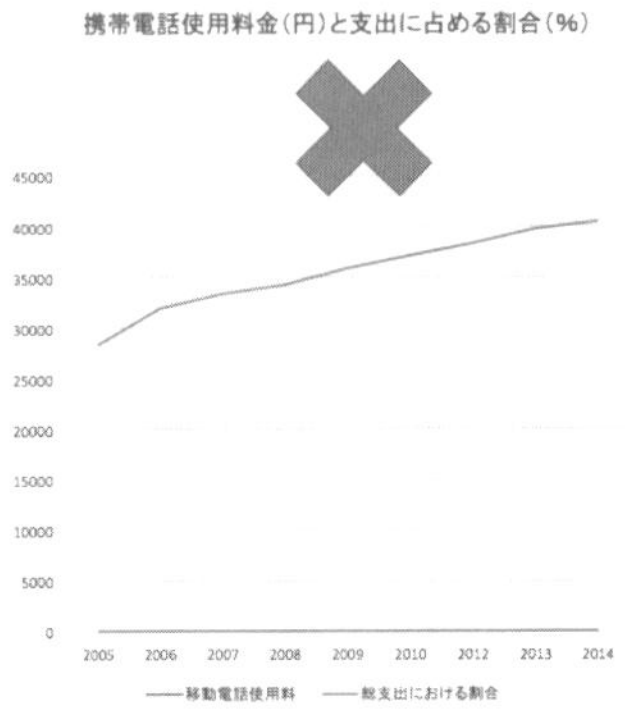

合の推移を同じグラフに表示したものです。どちらも時系列の数字ですから、推移を表すのに向く折れ線グラフで表示したくなりますが、2種類のデータは「金額」と「割合」というまったく別の要素なので、同じ表示にすることは避けます。また、金額は時系列の推移でも「量的比較」の意味合いがはっきりする棒グラフのほうがわかりやすいです。

割合については、数字自体が金額よりもずっと数字が小さいため上の表示ではほとんどわかりません。また、まったく正確さが異なる数字ですから、ふたつのグラフは左右別々の目盛りをつけてください。

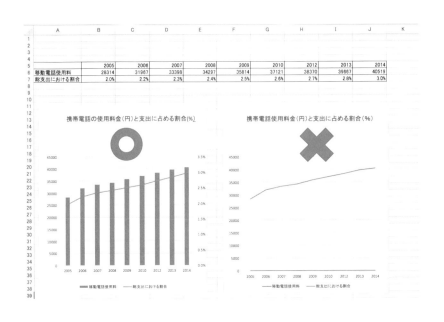

円グラフ

全体に占めるシェア、内訳を表す

図表2　世界の国別ＬＮＧ輸入量（2010年）

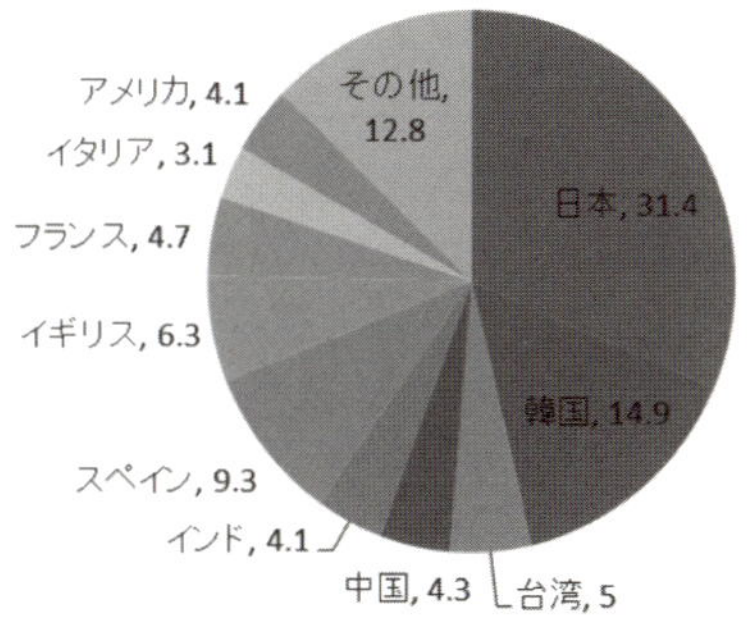

（出所）東京電力、第一生命経済研究所

円グラフは全体に占める「内訳」を示すものですから、業界内における企業のシェア、売上げにおける製品・サービスの内訳、社員の男女比などに使用します。総量に対するそれぞれの項目が何％なのかを見せようとするもので、円全体の３６０度が１００％ですから、90度が25％で全体の４分の１、ということが大変わかりやすく表示できます。ただ、**あまりに項目が多いもの、それぞれの項目に大きな差がないものは円グラフにしても意味はありません。**そのような場合は、数字が非常に小さいものは「その他」としてまとめます。小さい数字も省けない場合は、円グラフではなく別のグラフにしたほうがいいでしょう。上位と下位の差が大きすぎて棒グラフにもしづらいという場合は、無理にグラフ化せず、上位から順に並べた表のままのほうがいいことになります。

例は国別のＬＮＧ輸入量ですが、これは「日本の輸入量が世界一多く、全体の３割を超えている」ことを明示するためのグラフです。参考として２位が韓国であること、他国はあまり大きな差がないこともわかるように、項目は多めにしてあります。

ドーナツ型の円グラフは、大分類、小分類をひとつのグラフに入れられるので便利です。たとえば1位の日本の中で、さらに地域を分類することも可能です。

図表 経過は表にするとわかりやすくなる

グラフばかりでなく、図版や表をうまく利用すると資料やレポートはわかりやすくなります。特に文章だけでは説明がわかりにくいものは、なるべく図版を添えたほうがいいでしょう。文章も箇条書きにして番号をつけたりします。

次ページ上の「デフレのメカニズム」は、文章で説明するとかなり長くなりますが、まずこの流れを図で見せて、必要に応じてそれぞれの矢印部分に説明を加えるのがいいでしょう。

「デフレのメカニズム」を表に並べ直しただけで、非常にコンパクトでわかりやすくなります。

ものごとの進展、影響、経緯のような「流れ」は、だらだら書くよりまず箇条書き、さらに可能なら図にするといいでしょう。

応用として、「アベノミクスの効果と波及ルート」についての図をふたつ見てください。

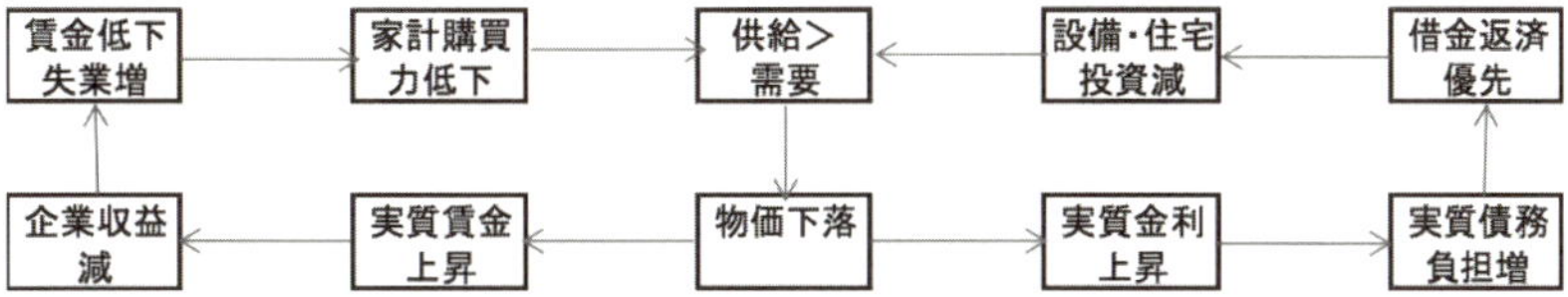

□デフレのメカニズム

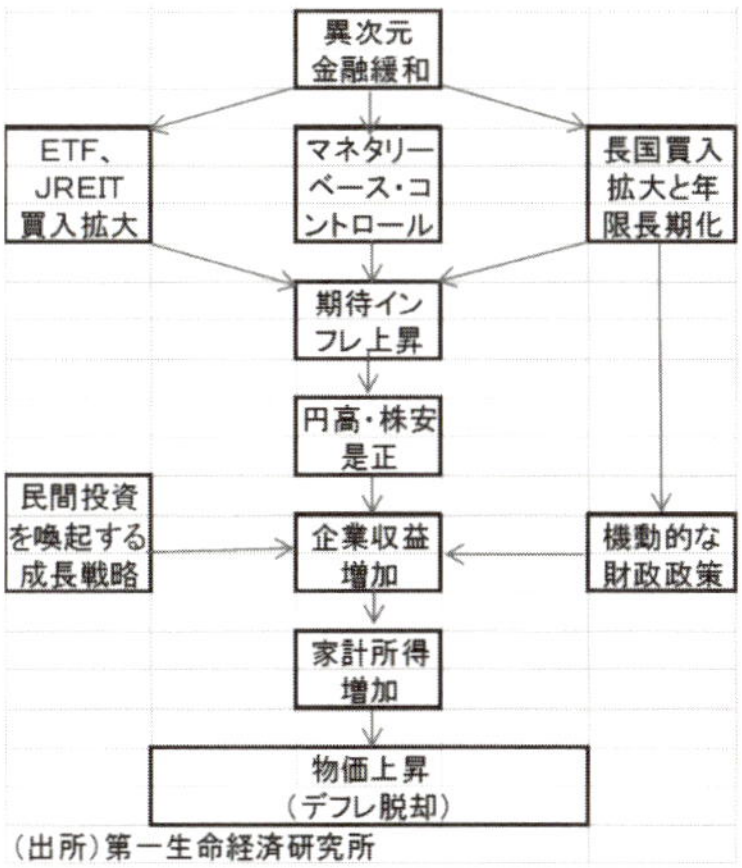

□アベノミクスの効果と波及ルート①

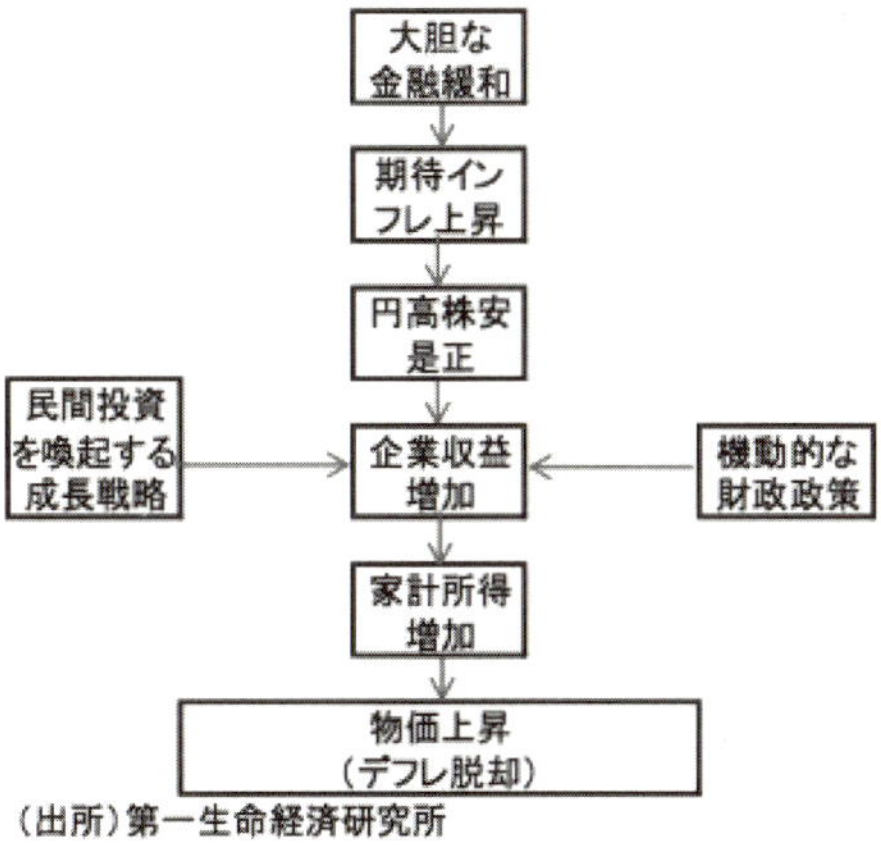

□アベノミクスの効果と波及ルート②

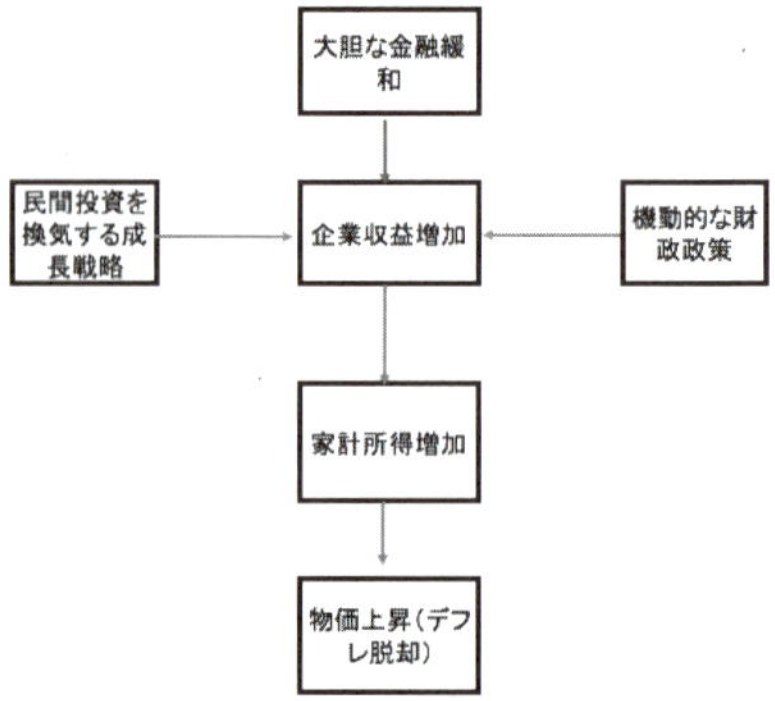

□アベノミクスの効果と波及ルート③

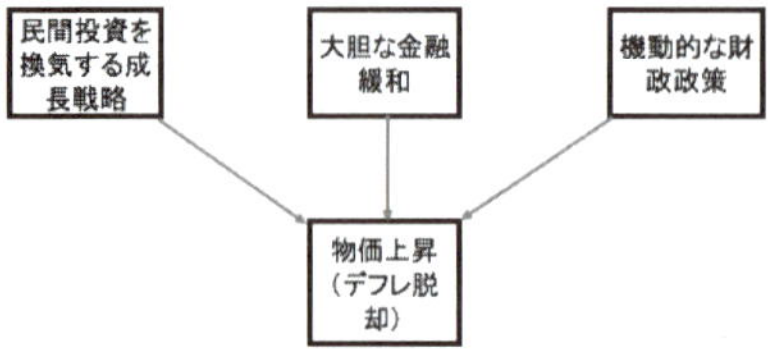

□アベノミクスの効果と波及ルート④

最初のもの①はやや専門的な用語が入っており、「異次元の金融緩和」の具体的な方法、つまり長期国債、ETF、J-REITの買入拡大といった項目が入っています。しかし、目的によってはふたつ目の図②でも十分です。アベノミクスの概要についてざっと振り返りたい場合や、「大胆な金融緩和」「機動的な財政政策」「成長戦略」という「3本の矢」についてあらためて確認したい場合には、下のほうがずっとわかりやすいでしょう。

前者の図版は「アベノミクスの進捗がわかる経済指標～5つの統計データが重要」と題したレポートの冒頭に使ったもので、5つの指標のうち最初のものが「マネタリーベース」です。日銀は国債やETF、J-REITの大量購入で当座預金残高を操作しマネタリーベースを増やそうとしているのだから、アベノミクスの進捗状況は、まず通貨供給量を見るべきだという内容です。その説明の冒頭の図ですから、内容に即して「長期国債買入拡大と年限長期化」「ETF、J-REIT買入拡大」を加えました。

ケースによっては、さらに単純な上の③や④で十分という場合もあります。①～④はいずれも「アベノミクス」とはどんなものか、「3本の矢」とは何を指し、何を目指しているのかを説明するものですが、方法と結果までのプロセスをどれだけ詳しく説明したいかで図版も変わります。

図版についても、目的によって不要なものは思いきって省くことが大切です。

図版の作り方にルールはありません。私の図版はシンプルすぎて少しそっけないと感じる人は、業界や目的に合わせてアレンジしてもいいでしょう。しかし、**図版の目的はひと目でわかるようにすること。**そこを忘れずに、まずはシンプルな図版を短時間で作れるようにしましょう。

矢印 多用しすぎると逆効果になることも

これは、国家の「財政危機」とはいったいどういうものなのかを示した図です。2015年に書いた「財政危機の末路　～負のスパイラルで経済混乱、円安・インフレへの備え必要」と題したレポートの冒頭に載せました。太い矢印や細い矢印が使われていて、前掲のものより複雑です。

矢印は図の中でしばしば使われますが、意味はさまざま。**主として変化や移動を表すもので、原因と結果をつないだり、手段と目的をつないだりします。**

図版で矢印を使う場合に気をつけたいのは多用しすぎないこと、方向はなるべく「縦と横のみ」という

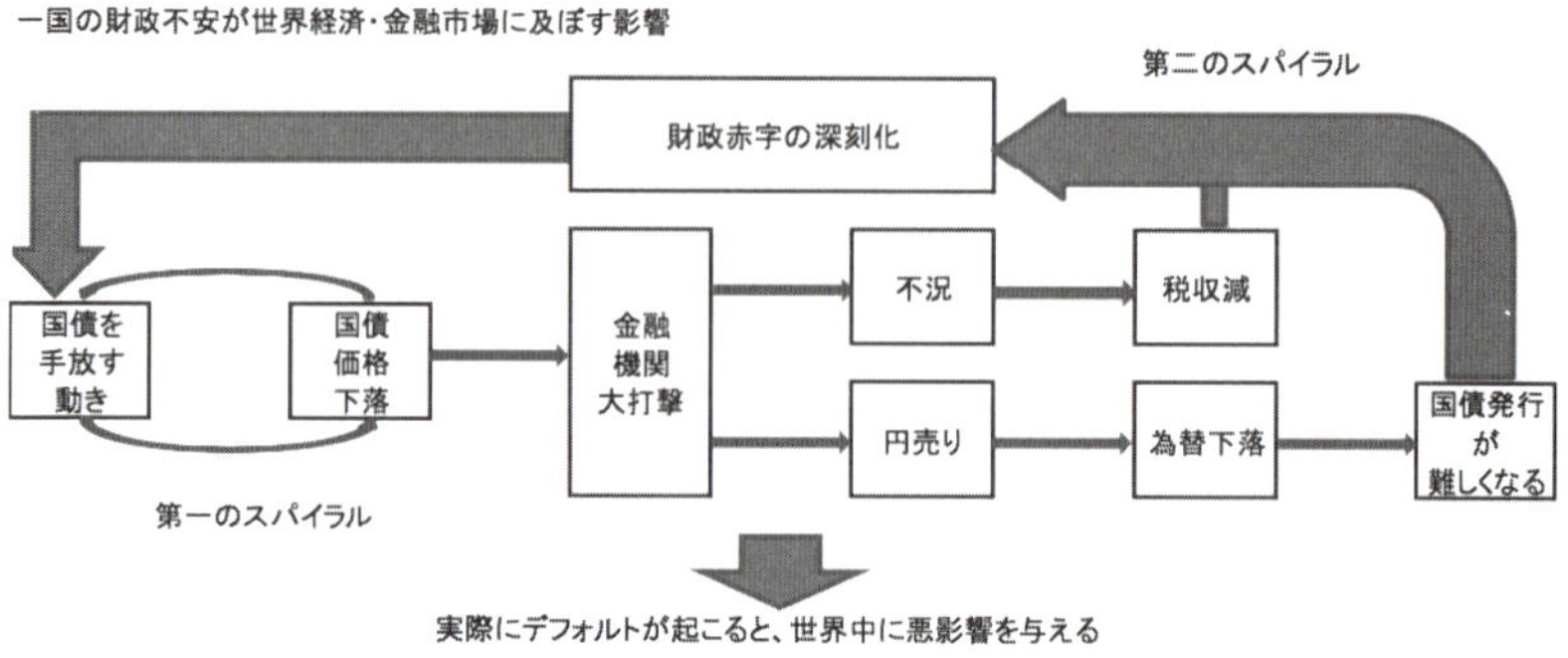

□矢印をどのように使うかで印象は変わる

金融緩和	➡	物価上昇	「手段」と「目的」
エルニーニョ	➡	冷夏	「原因」と「結果」
バブル期	➡	バブル崩壊	時間の流れ、順番
書類に名前をつける	➡	保存する	作業の手順

□矢印は使い方でいろいろな意味を持つ

ようにシンプルに。縦、横、斜め、角度の違う斜めなどが混在すると非常にわかりにくくなります。また。矢印の線が別の矢印と交差しないようにします。私が使った図は、途中で「合流」があったりしてやや複雑ですが、大事なところは太く、なるべくシンプルにしました。

図版 エクセルのセルだけでも図版は作れる

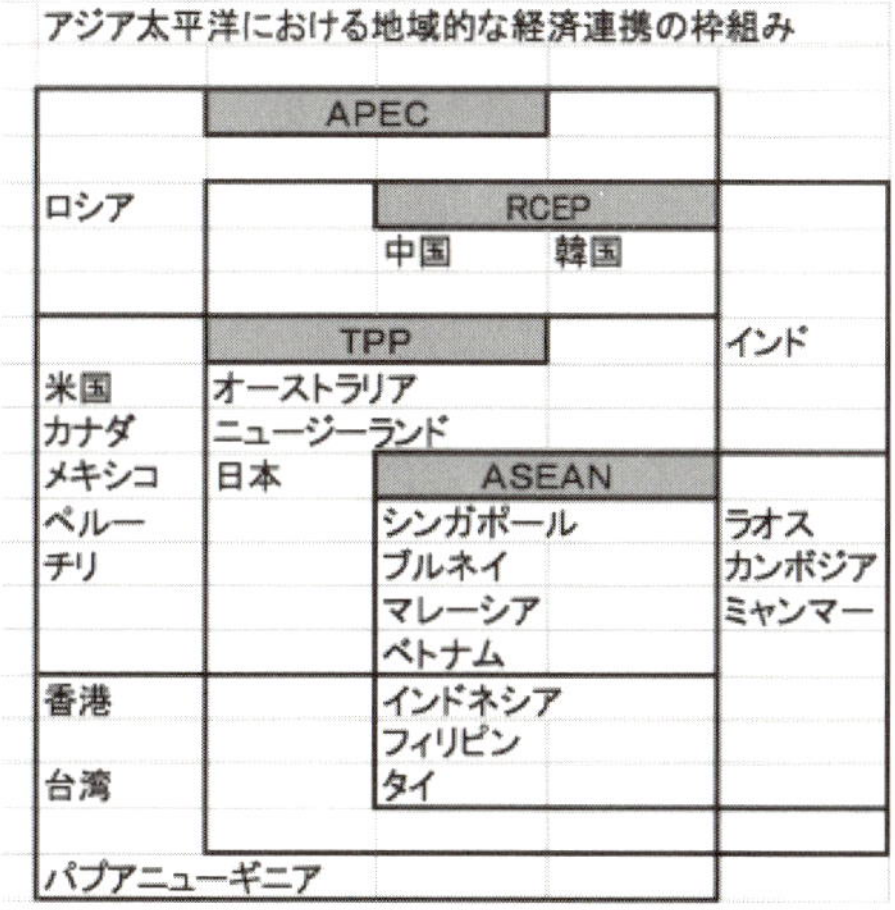

ＴＰＰをはじめとする世界の経済連携を図にしました。会議やセミナー会場などで図をスライドで見せる場合であれば、パワーポイントで「ベン図」を作ってもいいのですが、私はエクセルのセルを利用して作りました。そのほうが文字をきちんと配置できるので読みやすいはずです。プレゼン資料ではパワーポイントも使いますが、エクセルで作成した表を貼り付けるケースも少なくありません。

資料というと「とにかくパワーポイント」と思う人がいるかもしれませんが、パワーポイントはスライドを見せながら行うプレゼン用のソフト。プリントアウトして提出する資料なら、ワードでもエクセルでもまったくかまわないのです。テキストの多いレポートをパワーポイントで作ると、無駄に枚数ばかりが増えてしまいます。

次の表もエクセルで作ったもので、私のレポートによく登場するパターンです。数字を導き出すための式は非常にめんどうで難解ですが、結果は非常にシンプルな表になります。

図表７　発電１割分をＬＮＧ→石炭火力に代替した場合の効果

		1年目	2年目	3年目
実質GDP	10億円	211	761	1,575
	%	0.0	0.1	0.3
就業者数	万人	0.7	2.4	5.0
	%	0.0	0.0	0.1
経常収支	億円	12,527	13,595	13,055
	%	16.4	17.8	17.1
ﾄﾞﾙ円	円／ドル	−1.5	−1.6	−1.5
	%	1.8	2.0	1.9

（出所）第一生命経済研究所試算

5 章

［練習問題］

専門外のテーマもすぐに概要をつかむ技

さまざまな依頼にどう応えるか

私は、さまざまなテーマで講演会やセミナーの依頼を受けます。経済の分野ではあっても、特定の業界や地域での振興策、将来の景況予測などになると、私にとってあまり馴染みのない場所や業界であることも少なくありません。どんな業界や地域でも経済学のベースでは同じですが、たとえば「製パン業界、ベトナムを中心としたアジア進出の現状と可能性」といったテーマが与えられた場合、かなりのリサーチが必要になります。ベトナムの人口、GDP規模、経済成長率、現状での日本との関係の概要などは把握しているものの、私はパン業界の専門家でもないし、アジアの国々をくまなく歩いているわけでもないので、さまざまな角度からのリサーチが必要です。3章で紹介した通りリサーチの方法はさまざまですが、基礎的なものは最初にウェブサイトで入手しておくとスムーズです。

この章では、どんなウェブサイトを手がかりにすれば効率よく資料やレポート作成ができるか、応用がききそうなテーマを設定してアドバイスします。

基本的には、課題の内容についてほとんど知識がないことを前提にしています。

レポート事例［1］ パンチェーン店が海外出店を検討

製パン会社に勤めるAさん。上層部がベトナム・ホーチミン市に出店を考えているらしく、マーケティング部でリサーチ・レポートをまとめることになった。

Aさんに求められているのは、自社のホーチミン進出の判断材料になる「基礎資料」。上層部が本気で進出を考えているなら、かなり具体的な先行事例なども入れておきたいところです。こうしたリサーチの場合は、まず知りたいことのリストを作って、それに沿って検索を進めていきます。

リサーチ項目

1 ベトナム経済推移と、最新の状況（GDP、人口、経済成長率ほか）
2 日本企業のベトナム進出状況概要
3 ホーチミンを中心とした外食産業市場の概要、メリット、リスク
4 パン、ベーカリー業界の概要
5 日本からのベーカリー進出例

6　日本からのベーカリー以外の飲食店進出事例
7　具体的に相談に乗ってくれる機関について

1～7に関するデータをある程度そろえたら、絞り込み、整理して、少し並べ方を工夫すれば、そのままレポートの形に近づくはずです。

検索の順番はあまりこだわらず、「ベトナム」「進出」「パン」「ベーカリー」「ホーチミン」「日本企業」「リスク」「市場規模」「成功例」などを適宜組み合わせればいいでしょう。検索ワードを変えても、主要なサイトはだいたい上位にヒットします。

各種の資料は「いつの調査か」「いつの資料か」を必ずチェックし、気になる数字があっても「2012年」などの古いものだったら最新のデータを探しましょう。その場合は数字の出所を確認して一次データにアクセスし、最新版がないかどうか調べます。サイトで見つかなければ、最新資料がないか調査元に問い合わせてみてください。

このタイプの調査の場合にはジェトロ（日本貿易振興機構）、日本商工会議所などの資料が必ず役に立つので、最初からジェトロを検索ワードに加えてもいいでしょう。もし海外進出がかなり具体的になってきたら、ジェトロや日本商工会議所などに直接訪問して相談するのが早道です。

進出に関する成功事例は当然ですが、失敗例、リスクについても情報収集をしましょう。現地のクチコミは大量にありますが、あまり個人の意見に惑わされないように注意しつつ、全体的な評判を俯瞰するようにします。

まとめ例

まとめるときは、目的や要求されている分量にもよりますが、冒頭から長々とベトナム経済の過去、現在、将来の見通しなどを書きすぎないようにします。概要はグラフひとつ、テキスト10行程度でまとめてしまいましょう。用途に応じて結論は先に書きます。「リサーチしてわかったこと」を冒頭に4点ほどポイントをまとめる、という形がわかりやすいでしょう。

［サマリー］

1 成長率はやや低下しているが、貿易収支は2012年から黒字、経常収支も黒字化
2 海外から中小企業の進出が増えている
3 質の高い労働力、低賃金は今後も魅力
4 元フランス領で「パン文化」が根づいており、海外ベーカリーも人気
5 日本企業のベーカリーの成功事例多数あり

①はじめに

A社のホーチミン市進出についての資料とするため、ベトナム経済、特に外食産業の現状と、日本からの進出状況、そして「ベーカリー」の事例、今後の展望についてリサーチを行う。

②本文

サマリーの1～5について根拠を詳述

③まとめ

結論

ホーチミン出店は、大いに検討に値する

提案

ジェトロ、商工会議所などへの相談

現地企業視察

レポート事例［2］　国内の観光地がなぜ人気になっているか調べる

Bさんは、ある市役所の地域振興課職員。最近静岡県熱海市が観光地として復権しつつあるとよく話題になるので、自分たちの市でも何か学べる点はないか調べてみることになった。

どこにあるか見当もつかないような未知の場所の場合は市町村名を検索して、おそらく一番上に出てくるウィキペディア、および市町村の公式サイトに目を通すところからはじめましょう。地図で場所も確認しておき、県庁所在地からの距離、東京、大阪などからの交通手段もおおまかに頭に入れてから他のリサーチを始めたほうがスムーズです。

熱海市の場合は公式サイト、ウィキペディア、観光協会の順に検索上位に並びますが、**公式サイトは各市町村でまったく作り方が違うため、「人口と面積」といった基礎中の基礎のようなものは意外に見つかりにくいものです。**また観光協会のサイトは熱海市を含め充実したものが増えていますが、観光客向けの情報がメインなので基礎調査には向きません。実際に資料に使う場合は数字などの一次データにあたって確認する必要はありますが、やはり入り口としてはウィキペディアが便利な場合が多いです。熱海市についても、東京の奥座敷として栄えてきたこと、90年代以降斜陽化していること、２００６年に財政危機宣言を出していること、近年首都圏から近場のリゾートとして客足が戻りつつあることなどがざっとわかります。

これらを頭に入れたうえで、本格的な検索を始めるといいでしょう。熱海市の場合は、やはり観光業の状況から検索してみるのが正攻法です。検索ワードは「熱海　観光」といったキーワードで検索すると観光名所が検索上位になるので、「熱海市　観光　調査」としました。

まとめ例

まとめ方のポイントは、まず熱海市の歴史、概要をなるべく客観的に把握したうえで、「熱海の人気が復活しているらしい」という漠然とした印象の根拠をまず調べること。

調べていくと、テレビでの露出が多いことで目にするケースが増えていて、それを見た人が訪れているケースがあるようです。その理由として、市が「ロケ支援」「ロケ誘致」に非常に力を入れていることもわかる。そのうえで最新の観光客数などの推移を細かく確認すると、一部ではたしかに増えているものの、大きなビジネスチャンスと言い切れるかは微妙だという印象も生まれます。

人口動態を見ると、総人口は昭和53年以来減り続けており、観光客数も平成16年以降は前年比マイナスが続いているが、平成24年、25年と前年比プラスで総数も増えているようです。

総合すると、高齢化が加速していることをビジネスチャンスにすること、テレビ露出を増やしたことで、増えつつある首都圏からの客足に対応することが今後必要とされていると俯瞰できます。

他市町村が学ぶ点として考えられるのは、以下のようなポイントでしょう。

◎過去の失敗の反省（熱海市温泉街の凋落）
◎負の遺産（リゾートマンションの林立）の高齢者用住宅としての活用
◎テレビや映画のロケ地支援によってメディア露出が増加

自分たちの市町村で取り入れられるもの、可能性がないものを分類して整理し、まとめとすれば、まとまりのよいレポートとなります。


さらに、地域振興の成功例として有名なのが島根県海士町（隠岐諸島の島のひとつ）。本土から船で2～3時間の位置にあり、人口2400人だが1割が島外からの移住者で年齢が20代～40代。2008年には財政再建団体に転落するという予想をくつがえした数少ない例です。「超過疎化、超少子高齢化、超財政悪化」からの逆転とさえいわれています。

「熱海市」同様のリサーチが可能ですが、海士町の場合に事例として非常に有名なのが「海士町」で、検索したとたんに「成功例のとしてレポート」が大量に出てきます。すでに、これから書こうとするレポートとほぼ同じ内容のものを他の市町村、企業などが作成しているということになります。

視察が殺到する島でもあることから、新しいデータを利用したレポートや取材記事も多く、「視察レポート」もあちこちにアップされています。ネットだけでリサーチして、それ以上のものを簡単に作ることは難しいでしょう。そのような場合は、これらを参考資料として添付し、自身ではまったく違う視点を加えるべきです。

そこで人口動態の一次データをじっくり見てみます。一種のブームのようになっているケースは、意外に「メディアの聞きかじり」だけで、肝心なところは勘違いしている人も多いものです。たとえば、海士町も若い世代の転入者が増えたのは事実ですが、総人口は減り続けています。いつからこうした取り組みを始め、成果が出始めたのは何年後なのか、といったことも調べてみたい。このように**現象面が目立つ場合は、地味に一次データにあたってみると意外な発見があるものです。**

自治体によっては東京事務所や大阪事務所を持っている場合もあるので、最寄りの事務所があったら出向いて資料をもらったり、質問したりしてみましょう。成功例をリサーチする場合は「明るい面」ばかりが強調されるので、冷静に「影の部分」「リスク」も視点からはずさないことが大切です。

レポート事例[3]

会社所有の山林を活用するか処分するか調査する

とある会社に長年まったく活用されていない会社所有の山林がある。「活用できないのなら売却しては」という意見が役員から出て、調査をまかされた。

まずは社有林の住所と面積、所有期間とこれまでの利用状況、現在の管理方法、取得費用について、社内のしかるべき人に聞くのが先決です。最低限、場所と広さと現状だけでも知っておきましょう。

そのうえで、まずは一般論としての「山林」についてリサーチを開始します。山林関連のデータは国土交通省、林業関連なら農水省林野庁が持っていそうだと見当がつきますが、このレポートの目的は「会社が持っている山林をどうするか、判断材料を提供すること」。**基礎データは大切ですが、あまり掘り下げた調査をしていては、いつになっても結論が出ません。**

このケースでは、とりあえず「山林」というキーワードでネット検索してみた。すると、「山林とは」（コトバンク）、続いて「山林バンク」、さらに「田舎カツ！」と題するサイトがヒットする。

まとめ例

実際に売買を行う可能性のある部署か、そうではないかによって報告書の内容は大きく変わってきます。「何かいい使い道はないのか」といったニュアンスで報告を求められたのであれば、「田舎カッ！」の下記3分類に当てはまるかどうか検討してみよう。

1　立木を資源として考える場合（木材、炭、薪を売る、バイオマス活用）
2　自然として利用する場合（山菜、きのことり、レクリエーション、NPO法人などに利用してもらう）
3　土地として活用する場合（太陽光発電　宅地として賃貸　林業地として賃貸）

いずれも難しそう、あるいは判断がつかない場合については、「売った場合」の相場について記しておけば十分でしょう。売りに出ている物件で、自社所有のものに条件が近いものを参考としてピックアップしておけばいいのです。

こうしたレポートは「結論」を急ぎすぎても意味はないので、「売る場合」「保有を続ける場合」に分けて取りうる方策を整理し、一度報告してから次の段階の調査に進めば無駄がありません。結論を急いでいる場合ほど、一次報告を早めに出すことが必要です。

レポート事例［4］

オリンピックまでにできる新しいビジネスを提案

都内の小規模な雑貨の専門商社。２０２０年の東京オリンピックまでの間にできる施策について、全社員それぞれの立場で提案書を出すよう指示された。

２０２０年の開催が決まった東京オリンピックに関して、「経済効果」「景気予測」などのテーマでのレポートを求められた場合は、**とりあえずは大手のシンクタンクが作成した最新のレポートを入手して読むべきです。**シンクタンクはそれが仕事であり、人数も時間も予算も投入できます。それがほとんど無料で公開されているのですから、これを利用しない手はありません。

第一生命経済研究所でも複数のエコノミスト、研究員がオリンピック関連のレポートを出していますし、私自身も「アベノミクスと東京五輪　～第二、第三の矢を後押しも課題山積」というレポートを２０１３年12月４日にリリースしています。

レポートの検索には、「経済レポートドットコム」（※）というサイトもありますが、グーグルで「東京オリンピック　経済効果　レポート」で検索すればすぐにレポートのリンク集が出てきます。主なシンクタンクなどのレポートがずらりと並びますから、読みやすそうなものを選びましょう。

（※）http://search.keizaireport.com

まとめ例

どんな業界でも、全体像を先につかんでおくことは重要です。雇用はどのくらい増えるのか、どんな業界がいい影響を受けそうなのか、不動産はまだ上がる余地があるのか、すでに影響が出ているのはどんな業界なのか、こうしたリサーチは専門家が行ったものを活用します。

そこから、「自分の業界∨自分が知りたい商品∨自分の地域」と絞っていくことがリサーチの早道です。提出するレポートにシンクタンクのレポートの要旨を添付する必要はありません。自分の頭の中に入れて、一番いいたいことに関係のあるグラフか表だけつけておけばいいでしょう。たとえば「韓国からの観光客にターゲットを絞ろう」というような提案をしたいのであれば、ＧＤＰインパクト、雇用インパクトなどは最小限にして、海外からのインバウンド、スポーツイベントにおける国別人数の比較などのわかりやすいグラフを入り口に論旨を展開するのです。

提案が求められるレポートも、「結論（＝提案）」を先に書くのが鉄則です。

1　提案
2　理由・根拠
3　具体的なアクションプラン

特に、全社員に提出を求めるような場合は、読む側の立場に立って、「短い」「ひと目で結論がわかる」「シンプル」を心がけなければ読んでもらえません。

著者紹介

永濱利廣〈ながはま としひろ〉

第一生命経済研究所主席エコノミスト。1971年生まれ。一橋大学非常勤講師、跡見学園女子大学非常勤講師、景気循環学会理事。マクロ的な観点から経済予測を行うレポートを金融機関、公官庁やマスコミ関係者2,000人以上に配信中。テレビや講演などでも、経済の見通しなどについてわかりやすく解説している。

エコノミストが実践《じっせん》する
どんな相手《あいて》も納得《なっとく》させるレポート作成術《さくせいじゅつ》

2016年1月15日　第1刷

著　　者　永《なが》濱《はま》利《とし》廣《ひろ》

発 行 者　小澤源太郎

責任編集　株式会社 プライム涌光

電話　編集部　03(3203)2850

発行所　株式会社 青春出版社

東京都新宿区若松町12番1号〒162-0056
振替番号　00190-7-98602
電話　営業部　03(3207)1916

印刷　大日本印刷　　製本　フォーネット社

万一、落丁、乱丁がありました節は、お取りかえします。
ISBN978-4-413-11158-4 C0033

なぜ、いちばん好きな人とうまくいかないのか？
ベストパートナーと良い関係がずっとずっと続く処方箋
晴香葉子

終末期医療の現場で教えられた
「幸せな人生」に必要なたった1つの言葉《メッセージ》
大津秀一

その英語、ネイティブはカチンときます
デイビッド・セイン

アメリカ抗加齢医学会の新常識！
老化は「副腎」で止められた
心と体が生まれ変わるスーパーホルモンのつくり方
本間良子　本間龍介

1時間でわかる省エネ住宅！
夢を叶える家づくり
本当に快適に暮らす「パッシブデザイン」の秘密
高垣吾朗

青春出版社の四六判シリーズ

すべてを叶える自分になる本
魂が導く「転機」に気づいた瞬間、求めていた人生が動きだす！
原田真裕美

※以下続刊

お願い　ページわりの関係からここでは一部の既刊本しか掲載してありません。
折り込みの出版案内もご参考にご覧ください。